다시, 아나톨리아의 시간 속으로

= 인용문 출처

▣ 존 버거, 《그리고 사진처럼 덧없는 우리들의 얼굴, 내 가슴》 | 오르한 파묵, 《먼 산의 기억》 | 오르한 파묵, 《이스탄불-도시 그리고 추억》 | 존 프릴리, 《이스탄불-유럽과 아시아를 품은 제국의 도시》 | 존 줄리어스 노리치, 《지중해 5,000년의 문명사》 | 이희수 외, 《수피즘 : 실크로드를 읽는 문화코드》

튀르키예 문명기행 포토에세이

다시, 아나톨리아의 시간 속으로

글/사진 소노스(SONOS)

레겐보겐북스

"그 길은 빛이 쏟아지는 통로처럼 걸음마다 변화하는 세계,
그곳을 여행할 때 그대는 변하리라."
- 젤랄레딘 루미 -

CONTENTS

프롤로그 PROLOGUE 6

이스탄불 ISTANBUL 16

이즈미르 IZMIR 98

안탈리아 ANTALYA 142

콘야 KONYA 190

앙카라 ANKARA 250

다시 이스탄불 ISTANBUL 292

PROLOGUE

"다시, 아나톨리아의 시간 속으로"

　　아시아 대륙의 가장자리에 위치해 유럽 대륙과 만나는 아나톨리아^{Anatolia} 반도에는 인류 문명이 시작될 때부터 수많은 민족들이 거쳐 갔던 땅이다. 고대 히타이트에서부터 페르시아, 고대 그리스와 로마, 비잔티움을 지나 오스만 제국에 이르기까지 모든 제국들이 아나톨리아를 중심으로 삼았다. 그래서 '문명의 교차로'라고 불릴 만큼 동서양의 문명이 때로는 갈등과 대립으로, 때로는 화합과 소통으로 만났다. 그 모든 역사와 문화가 혼재해 있는 곳이 아나톨리아이다.

　　튀르키예 여행을 마친 후, 기억의 저편으로 넘어간 아나톨리아를 추억하기 위해 사진을 꺼냈다. 이미 그리운 곳으로 변해 버린 풍경들이 눈앞에 펼쳐졌다. 사진을 보는 동안 문득, 우리가 만났던 아나톨리아의 순간들도 새로운 역사의 일부분이 아니었을까 하는 생각이 떠올랐다. 현재 진행형인 아나톨리아의 역사가 바로 우리의 카메라에 담겨 있었던 것이다. 그래서 이번에는 아나톨리아에서 살아 꿈틀대던 역사와 문화의 한 페이지를 사진으로 전하고 싶다는 생각이 들었다.

아나톨리아에 남아있는 문명의 흔적을 찾아 떠난 여행은 보스포루스 해협을 넘어 흑해, 에게 해, 지중해까지, 아나톨리아 평원을 지나 험준한 토로스 산맥, 콘야 대평원까지 이어졌다. 40여 일간의 도시 기행에는 이스탄불에서 이즈미르, 안탈리아, 콘야, 앙카라까지의 여정이 담겨 있다. 앞서《아나톨리아의 도시를 만나다》에서 역사와 문명의 이야기를 서술했다면,《다시, 아나톨리아의 시간 속으로》에서는 사라진 문명과 남아있는 도시의 모습을 오가며 느낀 시적 여운을 담았다.

아나톨리아 반도는 여러 민족과 문화가 충돌해 온 역사의 현장이다. 역사는 누가 승자이고 누가 패자인가를 전하지만, 거대한 역사의 흐름 속에서는 고단하게 살다 간 이들의 숨결도 담겨 있다. 때로는 낯익은 '우리들의 모습'도 발견할 수 있을 것이다. 존 버거는 시는 기도에 가깝다고 말했다. 사진이 전하는 찰나적 순간을 통해, 그 작은 목소리에 잠시 귀기울이는 시간이 되기를 소망해본다. 사진과 함께 "다시, 아나톨리아의 시간 속으로" 떠나보자.

메르하바!

"시는 비록 해설적인 경우에라도 소설과는 다르다.
소설은 승리와 패배로 끝나는 모든 종류의 싸움에 대한 것이다.
소설 속에서는 모든 것이 결과가 분명히 드러나게 되는
끝을 향해 진행해 간다.

시는 그런 승리와 패배에는 관심이 없다.
시는 부상당한 이를 돌보면서 또 승자의 환희와 두려움에 떠는
패자의 낮은 독백에 귀를 기울이면서 싸움터를 가로질러 간다.
시는 일종의 평화를 가져다 준다.

시는 소설보다는 기도 쪽에 더 가깝다."
— 존 버거

아나톨리아는 아시아 대륙의 서쪽 끝에 있는 반도이다.
'동쪽', '해가 뜨는 곳'이라는 그리스어로 '아나톨레'에서 유래했다.
튀르키예어로는 '아나돌루'이지만 일반적으로 '아나톨리아'라고 부른다.

아나톨리아는 유럽 대륙과 아시아 대륙이 만나는 곳에 위치해 있다. 동서양 문명이 때로 충돌하고 화합하는 동안 다양한 문화가 꽃을 피웠다. 그래서일까. 아나톨리아는 인류 문명에 관심있는 사람이라면 누구나 방문하고 싶은 선망의 장소이다.

히타이트에서부터 페르시아까지,
고대 그리스와 로마,
비잔티움에 이어 오스만 제국에 이르기까지.
모든 제국들이 대륙의 경계인 아나톨리아를 중심으로 삼았다.

아나톨리아의 도시를 찾아 시작된 여행은 이스탄불의 유럽지구에서 시작해 보스포루스 해협에서 흑해로, 에게 해를 지나 지중해에 이르렀다. 아나톨리아 평원을 지나 험준한 토로스 산맥, 콘야의 대평원까지 아우르는 여정에서 아나톨리아 문명의 흔적을 만날 수 있었다.

ANATOLIA -1

이스탄불 ISTANBUL

"이스탄불로 가는 가장 이상적인 방법은 이 도시의 탄생 이후 26세기 동안 그러니까 이 도시가 비잔티움으로 그 다음엔 콘스탄티노플로 불리는 동안 대부분의 여행자들이 그랬던 것처럼 바다로부터 들어가는 것이다."

- 존 프럴리

이스탄불은 유일하게 두 개의 대륙에 걸쳐 있는 도시이다.
아시아와 유럽을 연결하는 곳인 만큼 역사 속에서도 중심이 되어 왔다.
기원전 그리스인들이 세운 비잔티온에서 시작되어,
고대 로마의 콘스탄티누스 대제가 비잔티움으로 천도하면서
콘스탄티노플이라고 불렸다.
하지만 1453년 오스만의 군대에 비잔티움 제국은 멸망하고 말았다.
오스만이 제국으로 비상하면서 이스탄불은 드디어 '탄생'했다.
튀르키예 공화국이 건국되어 앙카라로 수도를 옮긴 후에도
이스탄불은 여전히 국제적인 도시로 살아꿈틀대는 역사 박물관이다.

1453년 비잔티움 제국의 멸망과 함께 오스만 제국의 수도가 되면서 이스탄불의 역사는 비로소 '시작'되었다. 그래서 우리도 이스탄불의 첫 여정을 역사박물관 '파노라마 1453'에서 출발했다.

1453년 5월 29일, 역사상 최고의 삼중 성벽인 테오도시우스 성벽을 향한 57일간의 파상 공세는 마침내 종지부를 찍었다. 그렇게 콘스탄티노플은 가라앉았고 이스탄불은 '탄생'했다.

전쟁의 결과는 세계사에 많은 영향을 끼쳤다. 비잔티움 제국의 멸망으로 문화와 학문은 유럽으로 유입되었고 '르네상스'를 여는 계기가 되었다. 유럽의 '중세'는 그렇게 종말을 맞이했다. 오스만 제국의 기세에 눌린 유럽은 지중해까지 포기하게 되지만, 대서양으로 눈을 돌려 '대항해 시대'를 열고 신대륙을 발견하기에 이른다.

역사의 실타래는 그렇게 풀려 흘러갔다.

오스만의 마지막 공격이 있던 날, 군대는 새벽부터 시작해 날이 밝을 때까지 세 부대가 차례로 총공세를 감행했다. 오랜 전투로 지칠 대로 지친 건 방어하는 부대만이 아니었다. 공격하는 오스만 군대도 마찬가지였다. 하지만 이렇게나 총공세를 편다는 건 성벽을 지키고 있던 비잔티움 제국의 수비대도 눈치챌 수 있는 일이었다.

'마지막 공격이구나.'
'이 공세를 막기만 한다면…'

낮까지 지속된 공격에서 용병 대장이 부상을 입자 비잔티움의 수비 진영은 곧바로 흐트러졌다. 이때 성벽 작은 틈으로 들어온 오스만 병사가 높은 탑 위로 올라가 깃발을 휘날렸다. 그 깃발을 본 오스만 군대는 사기가 오르고 비잔티움 병사들은 좌절하고야 말았다.

파노라마 1453 전시관을 나오니 눈앞에 성벽이 보였다.

비잔티움 제국을 마지막 날까지 지켜 주었던 테오도시우스 성벽이었다. 올라가는 좁은 계단이 보여서 성벽 중간까지 올라가 보았다. 그날의 상흔인지 세월의 흔적인지 성벽은 드문드문 손상되어 있었다. 성벽을 손으로 만지며 파노라마 관에서 본 전장을 떠올려 보았다.

전쟁은 역사 속에서 때로는 영광이 되고, 때로는 치욕이 되기도 한다. 하지만 그건 위정자들에게만 해당되는 이야기다. 전장에 있는 병사들에게는 그저 광폭한 전쟁일 뿐이다. 파노라마 박물관에서 성벽을 지키며 마지막까지 싸우던 비잔티움 군대에도 연민이 느껴졌던 건 바로 그런 이유였던가 보다. 하지만 딱히 누구의 편을 들고 싶은 생각은 없다. 전쟁이 없는 평화로운 세상을 간절히 바랄 뿐이다.

콘스탄틴 오벨리스크를 보고난 후 광장 끝에 다다랐다. 광장은 끝나지만 여기는 옛 전차경주 트랙의 중앙이다. 콘스탄티노플을 차지한 오스만은 히포드럼의 전차경주에는 별로 관심이 없었다. 그래서일까, 그들은 이곳에 남아 있던 것을 모조리 뜯어 주변의 건축물을 짓는 재료로 사용했고, 결국 오늘날 기념비만 남게 되었다.

히포드럼의 가운데에 서서 잠시 눈을 감고 전차경주 대회를 상상해보았다. 그날의 숨막히는 경주와 시민들의 열렬한 환호소리가 들리는 듯했다. 하지만 눈을 떴을 땐 모든 건 사라지고 덩그러니 기념비만 보였다. 옛 영광은 사라졌지만 오스만 시절부터 있었던 건물들의 주춧돌은 그때를 기억하고 있을지 모른다.

저 돌들은 자신들의 영광을 잊은 적이 없다.

하기아 소피아는 대화재로 인해 여러차례 건축되어 우리가 보는 건축물은 세 번째 재건된 것이다. 비잔티움 제국의 황제였던 유스티니아누스 대제는 니카 폭동 때 화재로 소실된 하기아 소피아를 복구하기 위해, 이전의 성당과는 비교할 수 없을 정도로 거대하고 화려한 성당을 건축하도록 명령했다.

그러자 비잔티움 제국 전역에서 기둥과 대리석이 재료로 공출되었고, 하기아 소피아의 거대한 돔과 내부의 화려한 모자이크는 비잔티움 건축의 상징이 되었다. 하기아 소피아의 완성에 감격한 유스티니아누스 대제는 하늘을 보고 외쳤다.

"오 신이시여, 저를 이토록 아름다운 작품을 완성하게 하시고, 솔로몬 왕을 능가하는 소중한 존재로 쓰심을 감사하나이다."

비잔티움 제국의 멸망이라는 격랑 속에서도 하기아 소피아는 운 좋게 살아남았다. 하지만 기독교 성당에서 이슬람교의 모스크로 용도가 변경되었고 이름도 '아야 소피아'로 바뀌었다.

　메카 방향을 향해 미흐랍이 새롭게 설치되었고 기독교 성화들은 모두 회벽으로 덮였다. 모스크 주위로는 네 개의 미나레트가 차례로 세워졌으며 돔 맨 위에는 십자가 대신 황금 초승달이 놓이면서 이슬람 사원임을 천명했다. 흥미롭게도 비잔티움 건축에 이슬람적 요소가 가미된 아야 소피아는 오스만 건축의 전형이 되었다.

"하느님이 종을 울리네, 대지가 종을 울리네, 하늘이 종이 되어 우네.
성스러운 지혜, 대성당이 소식을 알리네.
400개의 울림판과 260개의 종으로"

본당으로 들어서자 강렬한 햇살이 쏟아지고 있었다.
어두운 지상은 더 신비롭게 느껴졌다.
우리의 눈이 어둠에 서서히 익숙해지자 자연스럽게 시선이 위로 옮겨갔다.

아야 소피아는 천상을 향해 열려 있었다. 모스크는 그동안 상상해왔던 것보다 훨씬 더 거대하고 웅장한 공간이었다. 대상에 압도되어 형언할 수 없는 고양된 감정이 '숭고미'라면 지금 우리가 느끼고 있는 감정일 것이다. 잠시 숨을 고르고 공간이 주는 신성함에 한동안 몸을 맡겼다.

아야 소피아의 경이로움은 빛의 세레나데에 있었다.

인간이 만든 건축물이 자연과 만나 경이로움을 창조하는 순간이었다.

천장에는 거대한 중앙 돔을 중심으로 반원형 세미 돔과 작은 돔들이 잇따라 퍼져나가고 있었다. 돔의 테두리에는 수많은 창들이 나 있어 그곳으로 빛이 쏟아졌다. 천상의 신성함이 지상에 살포시 내려앉는 순간, 샹들리에가 빛나고 있었다. 창문으로 들어온 햇살이 천상의 빛이라면, 샹들리에는 지상을 감싼 불빛이었다.

에미뇌뉘 항구로 나와 도시 풍경을 바라보았다. 왼쪽으로 갈라타 다리와 그 아래로 흐르는 골든 혼이 보였다. 그리고 오른쪽에 있는 큰 바다가 보스포루스 해협이다.

1453년 전쟁에서 오스만 군대는 바다로도 공격을 감행했다. 하지만 끝내 뚫지는 못했다. 비잔틴 군대가 골든 혼 입구를 쇠사슬로 연결해 공격을 막았기 때문이다. 그러자 특단의 조치를 취한다. 갈라타 언덕으로 배를 넘기기로 한 것이다. 골든 혼 안쪽으로 들어가기 위해 오스만 군대는 하룻밤 사이에 배를 산으로 옮겼다.

눈앞에 입구를 봉쇄했던 골든 혼, 배를 산으로 옮겼던 갈라타 언덕이 보였다. 이런 절묘한 지형에 감탄하며 당시를 상상해보았다. 그동안 책에서만 보던 역사적 도시에 두 발을 디디고 있다고 생각하니 가슴이 벅차 올랐다.

그래, 우린 지금 이스탄불에 있다.

　갈라타 다리 위를 걸으며 언덕 위 갈라타 탑과 골든 혼을 바라보았다. 그 건너편에는 파티흐 지역도 눈앞에 펼쳐졌다. 보스포루스 해협이 파란 하늘 아래 눈부셨다. 그러다 문득 갈라타 다리 위에 있는 낚시꾼들을 보자 웃음이 나왔다. 하루 종일 빠져있던 역사적 몽상에서 깨어나는 순간이었다. 하지만 낚시꾼들도 파노라마처럼 펼쳐진 이스탄불을 벗삼아 낚시줄을 드리우고 있었다. 그들도 이스탄불의 풍경 속에 함께 있었다.

 이스탄불의 황실 모스크 중 외관이 가장 호화롭다는 명성을 지닌 술탄 아흐메트 자미를 찾아갔다. 바로 '블루 모스크'이다. 이 별칭은 파란색 타일로 장식된 모스크가 아름다워서 유럽인들이 붙인 이름이다.

 블루 모스크의 아름다움의 절정은 화려한 돔의 향연에 있다. 모스크의 내부로 들어가자 중앙 돔을 중심으로 네 면에 세미 돔이 있고, 그 아래 세 면에도 작은 세미 돔들이 보였다. 각 돔에는 테두리를 따라 수많은 창문이 나 있는데, 그 수만 해도 무려 250개에 이른다고 한다. 수많은 창문으로 빛이 쏟아져 들어오니, 중앙 돔은 마치 하늘에 떠 있는 것 같았다. 블루 모스크를 보고 '멋진 폭포수'라고 묘사한 이유를 알 것 같았다.

블루 모스크의 외부를 보기 위해 정원에 들렀다. 의외로 한적해서 고요한 가운데 모스크의 면모를 자세히 살펴볼 수 있었다. 안에서 본 중앙 돔과 세 미돔, 그리고 창문들이 어우러져 있었다. 우뚝 솟아있는 미나레트에 눈길이 갔다. 미나레트의 갯수가 모스크의 위상을 나타내기 때문이다. 네 개의 미나레트를 가진 아야 소피아보다 여섯 개의 미나레트를 가진 블루 모스크의 지위가 더 높다는 것을 말해준다.

미나레트에 관한 재미있는 이야기가 있다. 술탄 아흐메트 1세는 건축가에게 모스크의 미나레트를 황금으로 만들라고 명령했다. 하지만 엄청난 비용이 걱정이던 건축가는 '황금'과 발음이 비슷한 '여섯' 이라는 단어를 이용해 여섯 개의 미나레트를 세웠다. 술탄의 말을 감히 어길 수는 없으니 잘못 들은 걸로 밀어붙인 것이다. 술탄은 별말이 없었지만 여섯 개의 미나레트는 성지 메카의 수와 같아서 비난이 커졌다. 어쩔 수 없이 술탄은 메카의 모스크에 미나레트를 하나 기증했다.

골든 혼에 세워질 '뻔'했던 최초의 다리가 있다. 16세기 초 술탄 바예지드 2세는 다리를 건설하기 위해 설계를 의뢰했는데 바로 레오나르도 다빈치였다. 다빈치는 열심히 다리를 설계해서 보냈는데, 기술적인 문제가 있다며 승인받지 못했다. 그후 갈라타 다리가 놓인 것은 350년이나 지난 뒤였다.

2001년 노르웨이의 한 건축가가 폐기되었던 설계안으로 오슬로 근처에 다빈치 다리를 만들었다. 2019년에는 매사추세츠 공과 대학에서 1/500 모델도 제작했는데, 테스트 결과 안전하다는 평가를 받았다. 다빈치의 설계는 완벽했던 것이다.

역사 속에 '만약'이라는 건 없지만, 다빈치의 다리가 이곳에 건설되었다면 그건 또 하나의 새로운 역사가 되었을 것이다.

갈라타 다리는 큰 배가 지날 때에 열리는 도개교이다. 그래서 낚시꾼들은 다리 가운데를 피해 양쪽으로 낚싯줄을 드리운다. 다리 아래에는 레스토랑이 들어와 있는데, 재밌는 건 레스토랑에서 강쪽으로 고개를 내밀면 낚싯줄에 걸릴 수도 있다는 것이다.

갈라타 다리에서 맛볼 수 있는 또다른 즐거움이 있다. 역사적 건축물들이 이루고 있는 구시가지의 멋진 스카이라인이다. 오른쪽으로 높은 언덕 위에는 거대한 모스크가 지금 우리가 찾아 갈 쉴레이마니에 자미가 보였다.

 쉴레이마니예 자미를 만나기 위해 갈라타 다리를 건너는데, 배를 띄우고 고등어를 굽는 식당에서 연기가 가득 피어올랐다. 튀르키예 바게트에 고등어를 끼워 먹는 고등어케밥이 이곳의 명물이다. 붉은 튀르키예 깃발 아래 여행객들이 문전성시를 이루고 있었다.

　갈라타 다리를 건넌 후 이집션 바자르에 이르면 서민들의 식당이 모여 있다. 상인들이 한 끼 식사를 해결하기 위해 들르는 곳이다. 이곳의 고등어케밥은 단연 최고의 맛을 자랑한다. 오랫동안 시장 앞에서 식당을 하고 있는 할아버지는 인정많은 넉넉한 미소를 짓고 있었다.

쉴레이만 대제는 오스만 제국 전성기 때 술탄으로, 오스만 제국의 세력을 세 대륙에 걸쳐 떨쳤다. 또 국내로도 법전을 만들어 질서를 잡고 백성들의 삶도 안정적으로 돌보았다.

　문화적으로는 미마르 시난을 등용해 여러 모스크와 건축물을 지었다. 수석 건축가로 임명된 그는 수많은 건축물을 지었고, 오스만 고전 건축양식을 확립했다. 둥근 돔과 미나레트라는 모스크 건축양식은 미마르 시난에 의해 완성된 것이다.

모스크의 천장을 감싼 돔은 여러 창문에서 들어오는 햇살을 받아
거대한 아우라를 내뿜고 있었다.
돔을 수놓은 문양과 색채가 그 빛으로 우아한 자태를 드러내었다.
천장에서부터 내려온 샹들리에는 붉은 카펫 위에서 빛났다.
이 신성한 공간에서는 누구라도 자신을 낮추어 신에게로 나아갈 듯했다.

보스포루스에서 노니는 즐거움이란
거대하고 역사적이고 방치된 도시 속에서 살면서 깊고,
힘차고 변화무쌍한 바다의 자유와 힘을 마음속에서 느끼는 것이다.

나는 때로 이렇게 생각한다.
'삶이 그렇게 최악일 수는 없어.
여전히 보스포루스로 산책 나갈 수만 있다면.'

- 오르한 파묵

　보스포루스 해협을 탐방하기 위해 이른 아침 길을 나섰다. 갈라타 다리 위의 낚시꾼들, 출근하는 차량들, 항구의 상인들은 이른 아침부터 분주했다. 에미뇌뉘 항구에서 배를 기다리는 동안 우리는 모험을 떠나는 탐험가처럼 가슴이 마구 뛰고 설레기 시작했다. 할리치 만의 물결도 따라 출렁였다.

　흑해까지 가 보아야 보스포루스 해협 전체를 보는 것이리라.

　제법 큰 배에 올라 맨 위층에 자리를 잡았다. 배가 출발하자 보스포루스 해협이 우리에게로 다가왔다. 눈앞에는 갈라타 탑, 아야 소피아, 톱카프 궁전, 쉴레이마니예 자미가 사방으로 펼쳐졌다. 멀리 아시아 지구까지 보였다.

　이 배는 보스포루스 해협의 시작과 끝을 보여줄 것이다. 에미뇌뉘 선착장을 떠나 네 곳의 항구를 들른 후 최종 목적지 '아나돌루 카바으'까지 항해할 예정이다. 그곳에서 흑해를 만날 수 있을 것이다.

보스포루스 해로 들어선 지 얼마 안되어 돌마바흐체 궁전이 나타났다.
화려한 석조건물로 세워진 궁전은 베르사유 궁전이 모델이다.
돌마바흐체 궁전은 튀르키예 역사에서 두 가지 큰 사건을 겪었다.
하나는 1877년에 오스만 최초의 의회가 열린 것이고,
두 번째는 1938년 튀르키에 건국의 아버지이자 초대 대통령인 아다튀르크가 사망한 것이다. 집무실과 침실의 모든 시계는 그가 영면한 오전 9시 5분에 멈춰 있다.

ISTANBUL 69

　보스포루스 대교는 두 대륙을 연결하는 것이 아니라 두 대륙을 붙잡고 있는 것처럼 보였다. 보스포루스 해협은 서로 다른 문명과 역사를 낳는 경계이지만 단절되어 나뉜 경계가 아니었다. 왕성한 교류를 통해 늘 역사의 중심에 있는 곳이다. 교류하는 경계선에는 항상 많은 이야기들로 넘쳐났다. 그리고 그 이야기들은 사람들을 불러 모은다.

"보스포루스 해협은 두 개의 세계와 두 개의 바다를 연결하는,
문을 열고 닫을 수 있는 유일한 열쇠다."
- 페트루스 길리우스

　해안가에 인상적인 성벽이 보였다. '유럽의 성'이라는 뜻의 루멜리 히사르이다. 맞은편에는 '아시아 요새'라는 뜻의 아나돌루 히사르는 돌아오는 길에 볼 수 있을 것이다. 요새가 서 있는 곳은 보스포루스 해협 중 가장 폭이 좁은 곳으로, 흑해에 있는 제노바 식민지의 자원이 콘스탄티노플로 운송되는 것을 막기 위해 세워졌다. 요새는 해협의 길목을 완전히 차단했다.

　마주보고 있는 요새만 보아도 긴장감이 느껴졌다. 배를 타고 지나는 이들에게만 허락된 풍경이었다.

　보스포루스 해협의 마지막 다리를 지나 어느덧 배는 최종 항구로 들어갔다. 작은 어촌마을인 아나돌루 카바으에 도착하자마자 곧바로 요로스 성을 향해 올랐다. 숨이 찰 무렵 성 입구가 보였다. 가파른 계단을 타고 힘들게 올랐지만 폐허가 된 성채만 덩그러니 서 있었다. 실망한 채 성터를 돌아나가는데 광활한 흑해가 눈앞에 펼쳐졌다.

　흑해는 지형으로 보면 튀르키예, 불가리아, 루마니아, 우크라이나, 러시아, 조지아로 둘러싸인 내해이다. 서쪽으로는 보스포루스 해협을 통해 지중해와 연결되고, 북동쪽으로는 케르치 해협을 통해 아조프 해와 연결되어 있다. 그 바다를 볼 수 있는 가장 끝 마을에 우리가 서 있는 것이다. 눈앞에 펼쳐진 대양은 짙푸른 색으로 빛나고 있었다.

요로스 성을 내려와 선착장 앞에서 차를 마셨다. 흑해의 여운이 가라앉지 않은 가운데 보스포루스 해협의 탄생과 대홍수 신화가 떠올랐다.

흑해의 아주 오래 전 이름은 에욱시네이다. 빙하가 물러가며 만들어진 호수로, 보스포루스 해협을 통해 지중해로 빠져나갔다. 그런데 빙하로 녹은 물이 줄어들기 시작하면서, 호수가 점점 낮아졌고 결국 지중해보다 더 낮아진 강 주변은 비옥한 땅이 되었다. 물이 빠진 강 주변은 비옥한 토지로 토착민들의 풍요로운 거주지가 되었다.

기원전 5,600년경 빙하기가 끝나자 해수면이 상승하면서 이번에는 반대로 마르마라 해에서 보스포루스 해협으로 물이 흘러들어오기 시작했다. 이때 에욱시네 호수는 하루에 15cm씩 상승했고 2년 만에 다시 지중해 수위와 같아졌다. 그것이 바로 방금 우리가 보고 온 흑해이다.

하루종일 항해한 배는 위스퀴다르에 들른 후 에미뇌뉘 항구로 돌아왔다. 해는 서쪽 마르마라 해로 기울어 할리치 만을 금빛으로 물들이고 있었다. 오늘 우리가 만난 풍경은 오래토록 잊지 못할 것이다. 보스포루스 해협과 저 멀리 흑해의 물빛까지도.

언덕 위에는 쉴레이마니예 모스크에서부터 톱카프 궁전과 아야 소피아까지 거대한 돔들이 그림같이 펼쳐져 있었다. 이것이야말로 문명이 만들어낸 멋진 실루엣이 아닌가. 저녁 햇살을 등에 진 도시의 풍경은 너무나 아름다웠다. 배를 타고 보스포루스 해협을 통해 들어오니 이제야 비로소 이스탄불에 입성했다는 생각이 들었다.

"이스탄불로 가는 가장 이상적인 방법은 이 도시의 탄생 이후 26세기 동안 그러니까 이 도시가 비잔티움으로 그 다음엔 콘스탄티노플로 불리는 동안 대부분의 여행자들이 그랬던 것처럼 바다로부터 들어가는 것이다."

— 존 프릴리

　탁심 광장은 이스탄불의 유럽 지역인 베이올루의 중심지이다. 예전 물을 공급하던 곳이어서 '분배'라는 뜻을 담아 탁심이라고 불렀다. 지금은 관광문화의 일번지로 세계적인 브랜드가 즐비한 쇼핑의 거리가 되었다. 쌀쌀한 날씨에도 탁심 광장에는 공화국 기념비 주위로 많은 사람들이 모여 사진을 찍고 있었다. 튀르키예 깃발처럼 붉은 트램이 지나갔다.

 탁심 광장에서 이스티클랄 거리도 들어섰다. 이 거리는 보행자의 거리로 카라쾨이 지역으로 이어진다. 예전 오스만 시대에는 콘스탄티노플의 건너편에 있어서 '저편'이라는 뜻의 '페라'라고 불렀다. 유럽 문화의 거리로 알려지면서 지식인들에게 인기있는 장소였다. 공화국 건립 후에는 승리를 기념하기 위해 '독립'을 뜻하는 이스티클랄로 이름을 바꾸었다. 거리를 걸으며 몇 세기를 넘나드는 기분이 들었다.

 이스티클랄 거리를 걷던 중 한 성당을 발견했다. 이스탄불에서 성당을 찾아보기는 쉽지 않지만 가끔은 역사적으로 오래된 성당들을 만날 수 있다. 유독 많은 사람들이 몰려있는 파도바의 안토니오 성당을 들렀다. 크리스마스 트리와 성당을 보자 다음주가 크리스마스라는 걸 이제야 알았다. 그동안 시내 어디에서도 크리스마스의 분위기를 느낄 수 없어서 잊고 지냈다.

  성당 내부는 예수의 탄생을 가리기 위한 장식들로 화려했다. 제단에 진열된 크리스마스 트리가 스테인드글라스의 빛에 더욱 반짝였다. 주위를 돌아보니 기도를 드리러 온 외국인 사이로 히잡을 쓴 여성들도 눈에 띄었다. 그녀들은 두 눈을 반짝이며 성당 안을 구경하고 있었다. 아마 이들도 낯선 종교와 문화가 궁금했나 보다. 크리스마스가 종교를 너머 서로의 문화를 이해하게 되는 날이기를 소망해 보았다.

　수상버스 페리를 타고 보스포루스 해협을 건너 맞은편 아시아 지구로 넘어갔다. 작은 배는 선체가 낮아서 바로 옆으로 바닷물이 넘실거리는 것이 보였다. 큰 배가 옆으로 지나가자 출렁이는 물살에 배가 몹시 흔들렸다. 바라볼 때와 달리 해협에 들어와 보니 상당히 많은 배들이 오가고 있었다.

　배를 탄 지 10분 만에 위스퀴다르 항구에 도착했다. 이스탄불 사람들이 출퇴근으로 이용하는 수상버스는 그만큼 일반 대중교통이지만, 우리에게는 순식간에 유럽에서 아시아 대륙으로 넘어온 것이 기이하기만 했다.

　위스퀴다르 항구가 눈앞에 보였다. 우리가 방문할 예니발리데 모스크의 미나레트가 환영하듯 정면으로 보였다. 같은 이스탄불이지만 아시아 지구의 항구는 좀더 특별하게 느껴졌다. 개찰구를 빠져나와 넓은 광장과 해안길을 걸었다. 건너편으로 유럽 지구가 한눈에 보였다.

　보스포루스 해협 끝에 위치한 위스퀴다르는 콘스탄티노플과 가까워서 각광을 받았다. 아시아에서 온 카라반들의 종착지이기도 했고 메카로 성지순례를 떠나는 이들에게는 출발지였다. 역사적 상상력이 마구 피어올랐다.

거리로 들어서니 두 개의 미나레트가 세워진 제법 큰 규모의 모스크가 보였다. 그런데 입구에 도착하고 보니 막상 들어가기가 망설여졌다. 우리는 모스크를 방문하는 것이 그만큼 조심스러웠다. 선뜻 들어가지 못하고 있는데, 안에서 한 노인이 선한 미소를 지으며 들어오라고 손짓을 했다. 그제서야 마음이 놓여 안으로 들어갔다.

중정에는 긴 정원과 함께 무덤이 보여 독특했다. 이곳은 '예니 발리데 자미'로, 술탄을 두 명이나 배출한 귈누쉬 발리데가 지은 모스크였다. 막강한 권력을 부릴 수도 있었지만 앞으로 나서지 않았다는 그녀는 자신이 지은 모스크에 영원히 잠들어 있었다.

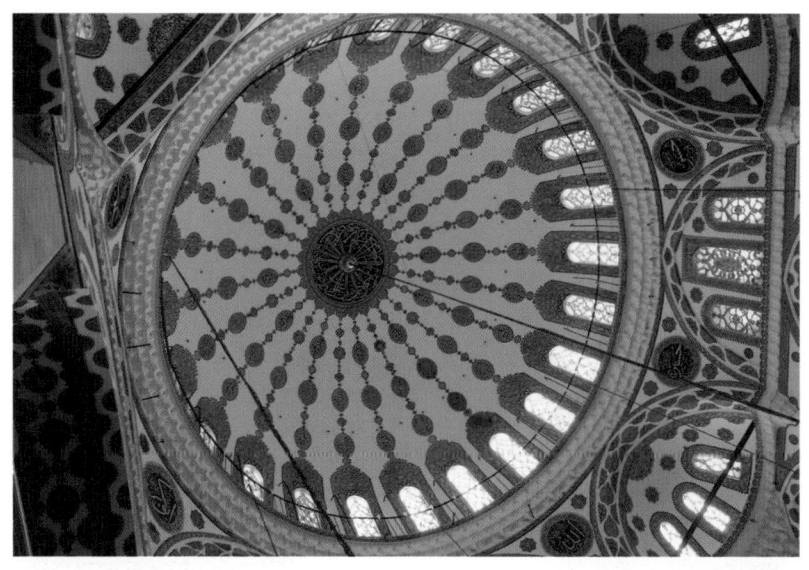

 바깥에서 볼 때보다 넓고 공간이 우리를 맞았다. 높은 돔에는 황색으로 수놓은 아라베스크 문양이 가득했고 주렴처럼 드리워진 문양들이 창문들과 어우러져 있었다. 테두리를 따라 둥글게 자리잡은 창문에는 한낮의 햇살이 가득 들어왔다. 그 빛으로 모스크 안은 더 신비롭고 화려해 보였다. 아랍어가 새겨진 스테인드글라스도 빛을 듬뿍 담고 있었다.

 창문 앞에서 기도하는 사람이 있어 그를 방해하지 않으려고 우리는 조용히 건축물을 감상했다. 신성한 기운을 온몸으로 느낄 수 있었다.

사람들이 살아가는 모습을 보려면 시장에 가야 한다. 위스퀴다르에 있는 보스포루스 수산시장을 찾아갔다. 다양한 식료품을 파는 곳도 있고 바다 냄새를 풍기는 싱싱한 수산물도 풍성하게 진열되어 있었다.

어디선가 커피향이 가득해서 둘러보니 커피 원두를 갈아 파는 곳이 있었다. 오스만식 커피는 원두가루를 '제즈베'라는 작은 냄비에 끓인 후 설탕을 넣어 마신다. 여행자가 호기심을 보이는데도 점원은 호객 행위도 하지 않고 그저 수줍게 웃기만 했다.

시장 한 켠에서는 이집트 콩을 볶아서 팔고 있었다. 방앗간에서는 금방 볶은 견과류들이 고소한 향을 뿜으며 손님들을 기다리고 있었다. 말린 살구가 오렌지색으로 빛났다. 서민적인 분위기의 바자르를 구경하며 한참이나 시간을 보냈다.

　마르마라 해로 태양이 지고 있다. 위스퀴다르 부두에서 페리를 타고 다시 카바타쉬 항구로 돌아갈 시간이다. 그리고 오늘은 이스탄불에서의 마지막 날이다. 내일부터는 이스탄불을 떠나 본격적으로 아나톨리아의 도시들을 만나 볼 예정이다. 이번 위스퀴다르의 여행은 아시아 지역, 즉 아나톨리아 여행이 시작되는 전초전이었던 셈이다.

유럽 지구를 바라보며 이스탄불에 작별인사를 보냈다. 눈앞의 보스포루스 해협과도 아쉬운 인사를 나누었다. 아나톨리아는 '동쪽', '해가 뜨는 곳'이라는 뜻이다. 우리는 아나톨리아 반도의 서부와 중부지역의 주요 도시를 방문해, 역사적으로 시대의 중심이 되었던 곳을 찾아볼 예정이다.

문명이 시작된 곳, 아나톨리아의 시간을 만나러 간다.

ANATOLIA -2

이즈미르 IZMIR

　이즈미르의 유서 깊은 시계탑이 있는 코낙 광장에 들렀다가 곧바로 에게해를 보러 갔다. 잔뜩 기대했던 에게 해와의 첫 만남은 기대 이상이었다. 바다는 호수처럼 잔잔했다. 데이트를 즐기는 사람들과 낚시꾼들 사이에서 우리는 호젓하게 벤치에 앉아 하염없이 바다를 바라보았다. 서양 문화가 발흥했고 수많은 역사와 신화의 배경이 되었던 이곳은 우리에게 늘 선망의 대상이었다.

 에게 해에 접한 아나톨리아 지역은 고대 그리스 시대에 이오니아 지방으로 불렸다. 고대 그리스의 식민지로 건설된 도시들에서 서양 철학이 시작되었다. 고대 그리스의 주요 건축양식 중 하나인 이오니아 양식도 여기에서 나왔다. 또 일곱 개의 초대교회 중 하나인 서머나 교회가 있었던 곳으로 초기 기독교의 역사적 장소이기도 하다. 그 모든 것이 여기서 시작되었다고 하니, 지금부터 돌아볼 이즈미르 문화가 무척 기대되었다.

　간간이 비가 떨어지는 가운데 히사르 자미에 도착했다. 시장 안에 있는 모스크라니, 왠지 낯설었다. 그런데 여기에는 역사적으로 더 흥미로운 부분이 담겨 있었다.

　이즈미르에는 내항을 보호하는 요새가 있었다. 오스만 시대에 와서는 요새 바로 옆에 모스크를 세웠는데, 성이란 뜻의 '히사르'라는 이름을 붙였다. 하지만 내항이 메워지면서 항구의 기능을 잃자 결국 요새마저 허물어지면서 시장이 들어섰다. 오늘날 요새는 사라졌지만 그때를 기억하는 히사르 자미는 오늘도 시장 안에서 여전히 상인들을 지켜주고 있었다.

이즈미르가 항구로서 번성했을 때를 짐작할 수 있는 곳을 찾아갔다. 바로 크즐라아아스 하느이다. 짐을 싣고 이동하던 상인들, 즉 카라반을 수용하기 위해 마련한 오스만 시대의 여관이다. 하지만 낙타가 아닌 기차의 시대가 오자, 여관은 하룻밤 숙소나 짐 보관소로만 이용되었다. 그리고 예전의 영광은 다시 돌아오지 않았다.

크즐라아아스 하느는 여느 오스만식 여관처럼 중정을 가운데 두고 네 방향으로 이어진 2층 구조를 이루고 있었다. 다양한 수공예품과, 카펫 등을 파는 상점들이 들어서 있었지만 벽과 기둥, 천장은 옛 모습 그대로여서 카라반들이 북적였을 모습을 충분히 상상해 볼 수 있었다.

해변에 있는 서점에 들어갔다. 에게 해가 한눈에 바라보이는 창문 앞에 오르한 파묵의 작품이 멋지게 진열되어 있었다. 오르한 파묵의 책에는 튀르키예 도시들에 대한 묘사가 많이 담겨 있었다. 더불어 그의 애정어린 시선도 느낄 수 있었다.

"풍경을 보고 있으면 모든 것을 잊고 순식간에 다른 사람이 된다.
우리는 눈앞에 펼쳐진 이 광활한 풍경처럼
개방적이고, 편안하고, 아름다운 존재가 되고 싶어한다.
아름다운 풍경은, 이 장면은 나에게 세상과 우주를 존중하도록 만든다."

  -오르한 파묵

    폴리캅 성당을 찾아가는 길에 비가 쏟아졌다. 성당 방문이 가능한 시간에 왔는데도 문이 닫혀 있었다. 잠시 후 성당 문이 열리면서 여성 보안요원이 방문자들의 짐 검사를 시작했다. 곧이어 신부님이 나와 크리스마스 기간이라 안전을 기하고 있으니 양해달라고 인사했다.

    폴리캅 성당은 초대교회였던 서머나 교회의 주교인 성 폴리캅을 기리는 곳이다. 이즈미르에서 가장 오래된 성당 중 하나이다. 복원을 거쳐 아름답게 빛나는 성당이 이즈미르 시민들에게 개방되지 못하고 보안에 신경을 써야 하는 상황이 안타까웠다. 돌아갈 시간이 되어 성당을 나서는데 비가 쏟아졌다. 성당에 온 모두가 좀더 머물기를 바라는 것만 같았다.

고대 도시 에페수스를 찾아가는 날이다. 에페수스는 고대 그리스 로마시대에 가장 큰 항구 도시 중 하나였다. 탁월한 위치 덕분에 아테네의 이오니아 식민지 개척자들은 아시아 내륙으로 물품을 운송하기 위해 무역의 거점 도시로 삼았다. 오늘날 고대 도시는 유적으로만 남아있기 때문에 먼저 셀축으로 들어갔다.

셀축에 도착해 역을 빠져 나오니 눈앞에 옛 수도교가 보였다. 세월을 못 이긴 기둥들이 군데군데 부서져 있었지만 그만큼 오랜 역사를 품고 있는 것이리라. 거리에는 만달리나가 가득 달린 가로수가 이어져 있어, 작은 농촌마을이 매우 풍요로워 보였다. 풍요와 다산을 상징하는 아르테미스 여신이 지금도 수호신으로 지켜주고 있는 것은 아닐까 생각했다.

　아침에 간간이 내리던 비로 대리석 길이 젖어 있었다. 빗물이 반사되자 길은 마치 다른 세계로 이어진 것처럼 신비롭게 반짝였다. 아마도 2,000년 전에는 이곳에 번성한 항구가 있었을 것이다. 우리가 서 있는 길이 바로 항구로 이어지던 아르카디안 거리이기 때문이다.

　길 양쪽에 여전히 서 있는 몇몇 기둥들은 상점과 지붕들로 아케이드를 이루고 있었을 것이다. 에페수스를 방문한 이들을 위해 거리를 화려하게 장식하고 화톳불을 피워 밤거리를 환하게 밝혔을 것이다. 길을 걸으며 사라진 풍경 속에서 과거를 상상해 보았다.

 드디어 우리를 이 도시로 이끈 켈수스 도서관을 만났다. 서기 117년에 지은 기념비적인 도서관이자 무덤이다. 당시에는 알렉산드리아와 페르가몬에 이어 세 번째로 큰 도서관이었다. 마블로드 위에서 파사드를 바라보니 고유한 아우라를 느낄 수 있었다.

 도서관 외부는 2층이었는데 안으로 들어가니 지붕마저 없는 텅 빈 공간이 나왔다. 당시에는 단층으로 된 벽을 따라 테라스가 있었다. 도서관 2층에 있는 큰 창은 풍부한 자연 채광으로 도서관을 비춰 주었을 것이다.

　도서관 안에는 책장을 보호하기 위해 이중으로 된 뒷벽이 있었다. 벽감에는 필사본 파피루스 두루마리가 12,000권 소장되어 있었다고 한다. 파피루스를 펼쳐 글을 읽고 있었을 학자들의 모습을 상상해 보았다. 글을 읽는다는 것은 당시만 해도 특권층에 해당되었지만 글을 통해 생각과 감정을 소통하고 싶은 마음은 다르지 않았으리라.

켈수스 도서관에서 나와 쿠레테스 거리를 따라 걸어 올라갔다. 이 거리는 도서관 앞에서 언덕 위 헤라클레스 게이트까지 이어져 있다. 하드리아누스 게이트, 클레오파트라의 여동생 아르시노에의 묘인 옥타곤에서부터 부유층 거주지 테라스 하우스, 알라타치 스토아의 모자이크 바닥, 가림막 없는 공중화장실 라트리나, 하드리아누스 신전, 트라야누스의 분수 등에 이르기까지 거리 전체가 모두 박물관이었다. 그래서 유적을 감상할 때에는 어느 정도의 배경지식과 함께 역사적 상상력도 필요하다. 어느 시대의 유적과 유물인지도 알아보고, 그 당시를 추측해 보는 것이다. 그래서 사라진 흔적을 찾아가는 상상력을 발휘하다보면 이 잔해들을 보는 것도 꽤 흥미로워진다.

하지만 부분적으로 복원된 몇몇 건물만 제외하면 빈 터와 잔해들만 남아있었다. 에페수스는 발굴과 복원을 진행하고 있지만 아직도 10% 정도밖에 되지 않는다고 한다. 그래서 유적을 감상할 때에는 어느 정도의 배경지식과 함께 역사적 상상력이 필요하다.

한참동안 역사적 상상력에 빠져 있다가 멀리 도시를 감싸고 있는 산자락을 바라보았다. 그 때였다. 도미티아누스 신전 뒤로 코레소스 산자락에 한 무리의 양떼와 목동을 발견했다. 목동은 가파른 경사지에서 양에게 풀을 먹이며 천천히 이동하고 있었다. 문득 기묘한 느낌이 들었다.

21세기를 여행하고 있는 우리는 폐허가 된 2,000년 전의 고대 유적지를 거닐다가 수천 년 동안 이어온 유목으로 양을 키우는 목동과 마주한 것이다. 몇 천 년을 넘나드는 시간의 흐름에 머리가 혼란스러웠다. 변하는 것과 변하지 않는 것 사이의 괴리감도 느껴졌다. 어느덧 주위를 돌아보니 그사이 목동은 양떼와 함께 사라지고 없었다. 우리는 여전히 몇 천 년 전의 폐허 속에 서 있었다.

역사적 공간의 가치는 남아 있는 유적에 비례하는 것이 아니다. 오랜 세월 물길이 바뀌어 폐허가 된 도시도 있고 기후로 인해 젖과 꿀이 흐르던 곳이 황무지가 된 곳도 있다. 그렇다고 그곳이 아무런 의미가 없는 것은 아니다. 그곳에서만 느낄 수 있는 것이 있기 때문이다. 바로 '역사적 공간감'이다.

또 우리의 역사적 상상력도 자극한다. 비록 전혀 다른 곳으로 변모했다 하더라도 주변의 풍경과 공기 속에서 조금씩 역사적 상상력이 느껴질 것이다. 폐허가 된 유적의 작은 나무 그늘에서 쉴 때 잠시 불어 온 미풍에 불현듯 역사 속 이미지가 그려져 감흥을 돋울 수도 있고, 폐허가 된 도시를 보며 인류 문명과 인간의 유한함에 대해 순간적으로 깨달음에 이를 수도 있다.

이 모두는 역사적 공간을 방문할 때 가 닿을 수 있다. 이것이 우리가 먼 길을 돌아 역사적 공간을 찾아가는 이유일 것이다.

이즈미르에서 크리스마스를 맞았다. 성탄 미사가 있다고 해서 성 요한 대성당을 찾아갔다. 퀼튀르 공원을 지나는데 대형 크리스마스 트리가 서 있었다. 옛 아르메니아인들의 거주지여서인지 크리스마스 분위기가 가득했다.

성당 입구에서부터 철통 보안이 이루어지고 있어 몹시 경직된 분위기였다. 하지만 성당 안으로 들어가자 예수 탄생을 축하하는 많은 사람들이 기쁨을 나누고 있었다.

다시 에게 해를 찾아가는 길에 비가 내렸다. 호텔과 쇼핑센터가 가득한 거리에 책방들이 늘어서 있었다. 우리는 눈을 반짝이며 책을 구경하고 다녔다. 그러다 반가운 책을 발견했다. 바로 주제 사라마구의 책이었다.

우리의 짐작이 맞다면 표지에 있는 "Körlük"는 《눈 먼 자들의 도시》이고, "Görmek"은 《눈뜬 자들의 도시》일 것이다. 어딘가에 《이름없는 자들의 도시》가 있다면 도시 3부작이 갖춰지는 셈이다. 이 시리즈를 통해 그는 인간에 대한 근원적인 질문을 던졌다. 노벨문학상을 받은 포르투갈의 주제 사라마구는 예리한 관찰과 신랄한 풍자로 '인간의 조건'에 대해 탐구한 작가이다.

이곳에서 주제 사라마구를 만난 게 우연이 아닌 듯 싶었다. 에게 해로 가는 거리에는 유독 그리스어와 프랑스어가 눈에 많이 띄었다.

에게 해 앞에 도착해 바다를 마주하고 섰다. 일조량이 높기로 유명한 이즈미르지만 12월이 되자 우기에 들어섰다. 호수처럼 잔잔한 에게 해 위로 조용히 비가 내리고 있었다.

공화국 광장에는 아타튀르크 동상이 서 있었다. 기마상은 매우 역동적인 모습으로 바다를 향해 손짓을 하고 있었다. 동상이 서 있는 광장은 튀르키예가 독립전쟁에 승리한 것을 기념하여 조성한 곳이다. 동상의 기단에는 튀르키예 독립전쟁에 참전했던 군인과 농부, 여성 등 여러 인물들이 부조로 표현되어 있었다.

물론 튀르키예인들에게는 자랑스러운 장소이겠지만 반면 아픈 역사를 지닌 공간이기도 하다. 이곳은 옛 그리스인들의 주거지였고 퀼튀르 공원 근처는 옛 아르메니아인들의 거류지였다. 이 모든 것을 폐허로 만든 것은 스미르나 대화재였다.

 1922년에 일어난 스미르나 대화재는 튀르키예 독립전쟁의 막바지 무렵 이즈미르에서 발생한 가슴 아픈 사건이다. 당시 이즈미르는 튀르키예인들보다 외국인들이 더 많은 곳이었다. 특히 아나톨리아 수복의 전초기지로 삼아 그리스군이 주둔하고 있었다. 튀르키예 독립군은 그리스 군과의 전투에서 승기를 잡았고, 1922년 패전을 거듭한 그리스군은 아나톨리아에서 퇴각하기로 결정했다. 그곳이 바로 이즈미르였다.

하지만 문제는 원래 오랫동안 이곳에서 살았던 그리스인들과 아르메니아인들의 생사였다. 이때 일어난 대화재는 약 1주일 간 지속되었고 그리스인과 아르메니아인의 거류지역을 초토화시켰다. 연이어 벌어진 튀르키예 군의 잔인한 보복은 수많은 희생자들을 발생시켰다. 그 며칠 동안 삶의 터전을 잃고 목숨을 부지하기 위해 부두로 내몰린 사람들은 셀 수 없이 많았다. 항구에는 연합군의 군함들이 도착해 있었지만 다시 전쟁의 불씨가 될까봐 그들을 구하지 않았다.

헤밍웨이는 이때의 참혹함을 단편소설 《스미르나의 부두에서》에 담았다. 세 페이지밖에 되지 않는 짧은 소설에는 그날을 참상을 기록하고 있다.

전쟁이라는 거대한 역사는 승리와 패배만 기억할 뿐, 희생당한 한 사람 한 사람의 생명과 고통은 기록되지 않는다. 그렇게 역사는 흘러가겠지만, 대화재와 군인들을 피해 오로지 목숨을 구하기 위해 가족들의 손을 꼭 잡고 뛰었을 이 바닷가에서, 우리는 아무 말도 할 수가 없었다.

이즈미르 철도 박물관에 들렀다. 올해로 150주년을 맞아 기차역의 소임을 마친 알산작 기차역의 역사를 보여주는 곳이었다. 현대의 기차역 옆에는 더 이상 달리지 않는 옛 기차들이 묵묵히 멈춰 서 있었다. 하지만 항구 지역으로 외국인과의 교역이 활발한 장소였던 알산작은 오늘날에도 여전히 국제교류로 독특한 문화를 이루고 있다.

코르돈 해안 산책로 공원에서 다시 에게 해 앞에 섰다. 오늘이 이즈미르의 마지막 날이다. 첫날 코낙 광장에서 바라본 에게 해와 별로 다를 게 없지만, 이즈미르의 역사적 장소들을 둘러본 후 찾아온 바다는 우리에게 조금 다르게 다가왔다. 이즈미르는 튀르키예가 간직한 역사의 축소판이라는 생각이 들었다. 튀르키예는 역시 교역의 땅이다. 모두에게 열린 땅이 되기를 진심으로 소망해 보았다.

ANATOLIA -3

안탈리아 ANTALYA

여행 중에 버스나 기차를 타고 낮에 이동을 하게 되면 밤에는 보지 못하는 풍경을 만날 수 있다. 마을은 강과 평야를 중심으로 발달하기 마련이어서 산맥과 바다 등 지형이 변하는 모습을 보려면 한 도시에서 다른 도시로 이동하는 동안 살펴볼 수밖에 없다. 이는 지도를 따라가는 일이며, 동시에 지도에도 없는 풍경을 만날 수 있는 기회이다.

안탈리아로 가는 버스는 아나톨리아 내륙으로 향했다. 서서히 고도가 높아지면서 갑자기 주위의 풍경이 확 달라졌다. 튀르키예에 와서 처음으로 눈이 내리는 걸 봤다. 우리는 그동안 지금이 겨울이라는 사실을 잊고 지냈다. 잠시 후 평야지대로 내려오니 화창한 햇살이 내리쬐고 있었다. 광대한 아나톨리아의 변화무쌍한 지형과 기후를 제대로 본 것 같았다.

안탈리아의 첫 여정도 지중해를 만나는 것으로 시작했다. 현대식의 쾌적한 트램을 타고 창밖으로 스쳐가는 낯선 풍경을 보니 역사적인 도시이자 휴양도시인 안탈리아의 풍요로움이 느껴졌다. 이스메트파샤 역에 내려 전통시장인 하만 바자르를 빠져나가자 눈앞에 갑자기 바다가 나타났다.

지중해였다.

바다는 거대한 호수 같았다.

어제까지만 해도 에게 해를 바라보며 서 있었는데,

지금 우리의 눈앞에는 눈부신 지중해가 펼쳐져 있었다.

　지중해가 한 눈에 펼쳐 보이는 톱하네 정원의 카페에 앉아 홍차를 마셨다. 작고 호리한 유리잔에 담긴 홍차를 마시며 지중해의 한가로움을 맘껏 느꼈다. 지중해의 물결이 반사되어 홍차의 붉은색에 가득 담겼다.

　잔잔한 지중해는 마치 시간이 멈춘 것처럼 보였다.
　천천히 움직이는 배들만 아니었다면.
　홍차를 마시는 사람들도 조용히 지중해를 바라보고 있었다.

칼레이치는 고대 성벽으로 둘러싸인 안탈리아 구시가지의 중심지이다. 성벽은 헬레니즘 시대를 비롯해 로마와 비잔티움, 셀주크와 오스만 시대를 거치면서 축성되었다. 성벽 안에는 약 3000여 채의 오스만 가옥들이 골목을 따라 늘어서 있다.

칼레이치는 이방인의 호기심을 자극하는 묘한 매력을 풍기고 있었다. 같은 듯 다르고, 이색적이서도 정감있는 골목길을 하루종일 누비고 다녔다. 마치 탐험가가 된 듯 돌아다니다가 더러는 제자리로 되돌아오기도 했다. 때로는 자발적으로 길을 잃는 것이 새로운 것을 만나게 되는 기회가 되기도 한다.

오후 내내 길을 잃은 여행자처럼 골목을 헤매고 다녔다. 칼레이치는 미로 같아서 지금이 현대인지, 오스만 시대인지, 더 먼 비잔티움 시대인지 시간마저 모호해졌다. 우리는 어느 멋진 정원 앞에서 비로소 발길을 멈추었다.

눈부신 햇살을 받아 만달리나와 레몬이 익어가고 있었다.

이젠 계절마저 아리송해졌다.

　안탈리아는 1950년대 이전까지만 해도 칼레이치 구역만을 부르던 이름이었다. 20세기 중반을 넘어 도시의 성벽은 허물어졌다. 성벽 밖은 급속하게 도시화되면서 유적과 유물이 묻혀버렸지만 아이러니하게도 칼레이치를 지킨 것은 성벽이었다. 유적의 운명을 두고 볼 때 칼레이치는 운이 좋았던 것이다. 성벽으로 인해 오늘날 칼레이치에서는 오스만 시대를 느낄 수 있다.

　반면에 성벽 밖은 급속하게 개발되면서 도시의 규모는 기하급수적으로 커졌다. 성벽 밖의 유적과 유물들은 도시 건설로 대부분 묻혀버렸다. 아타튀르크 대로를 중심으로 한쪽에는 대형건물들과 쇼핑몰이 즐비하고 한쪽에는 성벽과 함께 칼레이치 역사지구가 펼쳐져 있다. 길 하나를 사이에 두고 도시 풍경이 확연히 달라진다.

트램 역 바로 옆에 있는 모스크를 보러 갔다. 모스크를 세운 사람의 이름이 붙은 '발베이 모스크 1485'였다. 안뜰로 들어서자 아담한 모스크에는 한 개의 미나레트가 서 있었다.

성전 안 내부는 온통 하얀색이었다. 소박하면서도 정결한 분위기가 감도는 예배당에는 조용히 무릎을 끓고 신에게 기도하는 한 노인이 있었다. 트램 역과 시장이 있는 번화가에 15세기 모스크가 존재하는 이유를 알 것 같았다.

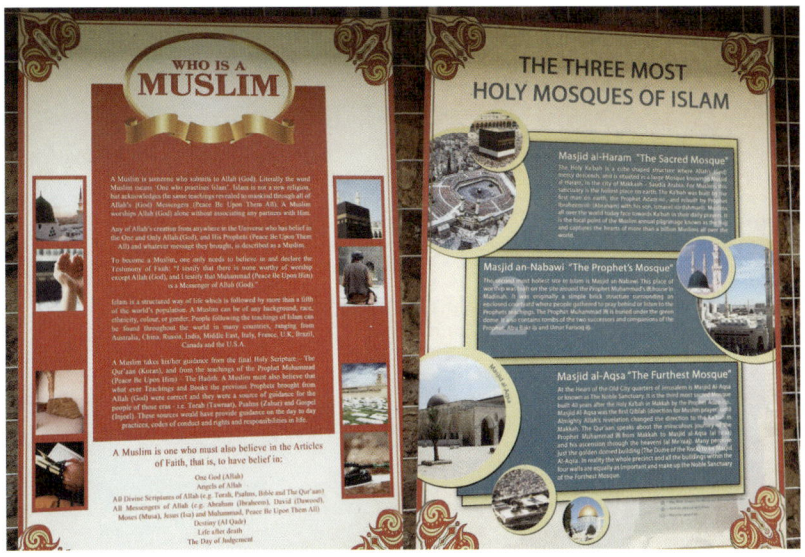

칼레이치를 다니다보면 스카이라인 중에 가장 높이 솟은 미나레트를 볼 수 있다. 안탈리아에서 가장 유명한 '이블리미나레 자미'이다.

모스크 입구에는 여러 안내판들이 세워져 있어 눈에 띄었다. 이슬람 종교를 이해하기 쉽도록 설명한 내용이었는데, 영어로 된 것도 있었다. 이블리미나레 자미를 통해 서로를 이해하려는 노력이 중요하다는 생각이 들었다. 우리도 튀르키예 모스크를 순례하는 동안 낯선 문화에 조금씩 마음이 열리는 걸 느낄 수 있었다.

　아타튀르크 대로는 안탈리아 성벽을 따라 조성된 도로인데, 이 길로 역사지구 칼레이치와 안탈리아 시내를 구분한다. 성벽 안과 밖은 몇 세기를 넘나들며 시간적 차이를 만들어내고 있었다. 그 시간을 통과할 수 있는 문 중에 하나가 하드리아누스 게이트이다.

　하드리아누스 황제는 로마제국을 순찰하며 안탈리아에도 방문했는데, 이를 기념하기 위해 만들었다. 특히 안탈리아의 문이 훼손되지 않고 잘 보존되어 있는 이유는 그동안 하드리아누스 문이 성벽에 둘러싸여 외부와 단절되어 있었기 때문이다.

　안탈리아 시내를 다니다보면 굳이 일부러 찾아가지 않아도 게이트를 여러 번 오가게 된다. 많은 사람들이 황제의 문을 의식하지 않은 채 자유롭게 오가고 있었다.

　로마 개선문을 닮은 하드리아누스의 문에 이르자 세 개의 아치형 문이 보였다. 계단 아래로 내려가 아치문 아래에 서보니 바닥이 움푹 패어 있었는데, 오랫동안 도시를 드나들었던 수레바퀴에 의해 마모된 자리이다. 게이트를 통과해 칼레이치 안으로 들어갔다. 걸음을 멈추고 다시 뒤돌아 아타튀르크 대로를 바라보았다. 하드리아누스 문으로 몇 세기의 시간을 여행한다는 건 맞는 말이었다.

지중해가 바라보이는 공원 한 켠에서 시비를 발견했다. 튀르키예의 현대시인이자 국민시인 나짐 히크메트였다. 시비에는 <독립전쟁의 서사시>가 붉은 글씨로 새겨져 있었다.

피, 연기, 안개, 들어보세요,
한 나라가 다시 태어나고 있습니다.
어둠에서 불타오르는 새벽까지,
새벽은 내 민족의 피 묻은 가슴
새벽은 내 깃발의 색깔
역사의 장식입니다.

　장날이다. 저 멀리 설산이 보이는 공터에서 장이 선다는 소식을 듣고 아침 일찍 찾아갔다. 새해를 앞둔 연말이어서인지 상인들과 장보러 나온 아주머니들로 시장이 북적였다. 매력적인 맛을 가진 꼬부랑 고추도 한 봉지 사고 샐러드 상추, 만달리나, 견과류 등을 장바구니에 가득 담았다. 튀르키예의 농산물과 수산물은 얼마나 풍부하고 신선한지 하마터면 한 달 먹을 양식을 살 뻔했다.

　시장에서 나오는데 입구에서 레몬을 팔고 있는 할아버지를 만났다. 장터에 들어가지 못하고 길가에서 레몬 몇 바구니를 펼쳐놓고 조용히 서 계셨다. "할아버지, 레몬 한 바구니 주세요." 우리는 갓 따온 싱싱한 레몬에다가 할아버지의 미소까지 덤으로 담아왔다.

ANTALYA 167

　안탈리아에서 새해를 맞았다. 그래서 특별한 계획을 하나 세웠는데, 하루 종일 지중해를 바라보며 걷기로 했다. 비 온 후의 맑게 갠 날씨는 우리를 더 설레게 했다.

　안탈리아에는 세계적으로 유명한 트레킹 코스인 '리키안 웨이'가 있다. 540km의 트레일은 테케 반도의 해안마을과 고대 유적을 가로지르는 길이다. 아쉽게도 일정상 포기했는데 안탈리아에는 짧은 코스의 걷기 루트로 '콘야알트 해변'이 있다는 걸 알게 되었다. 새해를 맞아 지중해를 걷는 것만큼 더 좋은 건 없을 것 같았다.

 노스탤지어 트램을 타고 역에 내리자마자 곧바로 전망대로 달려갔다. 그곳에 지중해와 해변이 펼쳐져 있었다. 그동안 다양한 장소에서 지중해를 바라봤지만 콘야알트 해변에서 바라보는 지중해는 더 멋진 풍경을 담고 있었다. 그야말로 아무것도 가리는 것이 없이 전망이 확 트여 있었다. 지중해 끝에는 멀리 테케 반도 위로 높은 산들이 솟아 있었다. 산봉우리에 쌓인 흰 눈이 장관이었다. 지중해와 콘야알트 해변, 그리고 설산이 어우러진 풍경을 한참이나 바라보고 서 있었다.

ANTALYA 173

　본격적으로 콘야알트 해변을 걷기 시작했다. 해변에는 자전거 도로와 함께 산책하기 좋은 보행로가 길게 이어져 있었다. 직선으로 뻗은 길은 공원으로 이어져 있어 언제든 쉬어갈 수 있었다.

　새해를 맞아 나들이 온 사람들이 많았다. 피크닉을 나온 대가족도 있고, 친구 또는 연인끼리 손을 잡고 걷는 사람들도 있었다. 한쪽에는 지중해에 몸을 담그거나 그저 바다를 망연히 바라보고 있기도 했다. 콘야알트 해변은 지도를 볼 필요도 없이 설산을 바라보며 걷다가 다시 돌아오기만 하면 됐다. 온몸에 땀이 흘렀다. 새해에 따사로운 햇살을 받으며 땀나도록 해변을 걸어보기는 난생 처음이었다.

다시 노스탤지어 트램을 타고 시내로 돌아왔다. 해변을 걷느라 피곤한 몸을 잠시 쉬려고 공원 카페에 들렀다. 인적이 드물던 아침과는 다르게 거리에는 많은 사람들로 북적였다. 누구에게나 똑같이 주어지는 새로운 한 해를 모두 기쁨으로 맞이하고 있었다.

오늘은 우리도 새해의 기쁨을 맘껏 누려 보았다. 하루 종일 실컷 지중해를 보고 왔지만 또 하염없이 지중해를 바라보며 홍차 한 모금에 몸과 마음을 내려놓았다.

옥토퍼스 북카페 골목에 문화루트협회라는 곳이 있다. 그동안 몇 번이나 들렀지만 그때마다 문이 닫혀 있었다. 우리는 내일이면 안탈리아를 떠나기 때문에 더 이상의 기회가 없을 듯해서 초인종을 눌러 보았다. 다행히 한 청년이 문을 열고 나왔다.

청년 아나트는 자신의 점심시간을 우리에게 내어 주었다. 그리고 열정적으로 문화루트협회를 소개해 주었다. 튀르키예의 문화적, 역사적, 자연적 장소들을 루트로 만들고 보호하는 단체라고 했다. 갑자기 아나트가 우리에게 어디서 왔냐고 묻기에 '사우스 코리아'라고 했더니 함박웃음을 지으며 벽을 가리켰다. 파란색의 제주올레 표시가 그곳에 있었다. 우리도 먼 나라에서 올레 표지판을 보니 무척 반가웠다. 이 작은 사무실이 수고와 열정만큼이나 문화여행의 좋은 길잡이가 되기를 기원했다.

오늘날 튀르키예에서 성당이나 교회를 찾기 어렵다는 건 사실 절반만 맞는 얘기이다. 칼레이치 골목에 있는 성 바울로 유니온 교회를 찾아갔다. 예배실이 있는 2층으로 올라가니 초기 일곱 교회를 상징하는 일곱 개의 창문과 스테인드글라스가 보였다.

1층은 아담한 바울로 플레이스 카페였다. 그동안 아쉬웠던 맛있는 원두커피를 마실 수 있었다. 카페에서 낯선 여행자에게 사도 바울로의 전도여행이 그려진 지도를 선물로 주었다. 우리는 고마운 마음을 담아 어제 밤새 연습한 튀르키예어로 인사를 건넸다. 새해 복 많이 받으세요!

"예니 이을르 쿠트루 올슨!" *Yeni Yılın Kutlu Olsun!*

거대한 피라미드의 이집트 문명, 찬란한 그리스 로마 문명, 팔레스타인 문명은 지중해에서 시작되었다. 아나톨리아의 남부 해안은 그 문명들이 거쳐 갔던 주요 공간이었다. 언젠가 동쪽에서 말을 타고 온 유목민이 배를 탔던 이유는 지중해를 장악하기 위해서였다. 그리고 그들은 기어이 바다를 장악했고 대제국을 세웠다. 그들의 후예가 바로 튀르키예이다.

북적이는 배들이 안탈리아 앞 바다를 가득 메우고 있었을 풍경을 상상해 보았다. 한때는 해적들의 배가, 또 다른 때에는 십자군 함대가 지중해로 들어왔다. 또 상선을 타고 사도 바울로는 지중해를 떠나 안티오크로 향했다. 대탐험가였던 이븐 바투타 역시 무역선을 타고 이곳에 도착했다.

중세 아랍인 여행자 이븐 바투타는 30여 년간 아프리카, 유럽, 아시아 대륙을 여행했다. 귀향 후 쓴 여행기 《리흘라》에는 아나톨리아 여행도 들어있다. 시리아에서 배를 타고 안탈리아로 온 이븐 바투타는 육로로 데니즐리, 셀축, 이즈미르, 부르사 등을 거쳐 올라갔다. 공교롭게도 우리의 여행 경로와 정반대이다.

이븐 바투타는 안탈리아를 '가장 아름다운 도시'라고 찬양했다. 그후로 700여 년이 지났지만 안탈리아는 여전히 아름답다. 우리도 그 아름다움을 간직한 채 지중해와 안탈리아에 작별을 고했다.

"지중해는 기적이다."

ANATOLIA -4

콘야 KONYA

　지중해 안탈리아에서 해안을 따라 남동쪽으로 내려가는 동안은 지형의 변화가 거의 없었다. 그래도 오늘의 목적지인 콘야는 내륙 고원에 있기 때문에 계속 해안을 따라가지는 않을 것이라고 생각했다. 그때 버스가 갑자기 원을 그리듯 크게 돌며 방향을 바꾸었다. 예상했던 대로 버스는 본격적으로 아나톨리아 내륙으로 북진했다.

　거대한 산들이 우리를 기다리고 있었다. 튀르키예의 중추 산맥 중 하나인 토로스 산맥이었다. '황소자리'란 뜻의 토로스 산맥은 아나톨리아 고원과 지중해 사이를 가로지르고 있다. 해발 3000미터가 넘는 고산이 즐비하다.

　버스는 마치 거대한 산에 도전하는 등반가처럼 묵묵히 오르기 시작했다. 바깥 풍경도 서서히 변하기 시작했다. 고도가 높아지면서 산악 지대가 펼쳐졌다. 나무의 크기들이 작아지고 척박한 돌산이 이어졌다. 저 멀리 높은 산봉우리는 눈으로 덮여 있었다.

　불과 한두 시간 전만 해도 지중해의 봄 날씨에서 지냈는데 갑자기 한겨울 날씨로 바뀌었다. 그동안 계절 감각을 잊고 있었지만 지금은 1월이 아닌가. 이제야 북쪽 내륙고원에서 튀르키예의 한겨울을 맞았다.

　버스가 커다란 고개를 하나 넘자 작은 분지에 마을 하나가 나왔다. 눈으로 둘러싸인 마을 한 가운데에는 미나레트 두 개를 세운 모스크가 있었다. 마을 주위로 S자로 이어진 도로가 있어서 이름모를 작은 마을에 오래토록 시선이 머물렀다. 지도에서 살펴보니 '야푸즈' 마을이라고 되어 있었다. 안탈리아 주의 마지막 마을이었다. 이 마을을 끝으로 우리는 콘야 주로 들어섰다.

　마을을 지나자 산의 지형과 기후가 다시 한번 바뀌었다. 고도가 더 높아진 산에는 키가 큰 관목들이 우거져 있었고 눈발도 거세게 몰아쳤다. 점점 토로스 산맥의 중심에 다가가는 듯싶었다. 눈바람으로 시야가 막히는 속에서 버스는 낭떠러지 가까이를 돌며 위태롭게 산길을 달렸다. 창밖을 보니 낭떠러지에 난간이 없어 더욱 아찔했다. 더구나 버스는 스노우 체인도 없이 달리고 있었다.

한 달 넘게 튀르키예를 여행하고 있지만 에잔 소리가 계속 울려 퍼지던 도시는 드물었던 것 같다. 콘야에 도착한 다음날 아침 창문의 커튼을 걷자 커다란 모스크가 보였다. 새벽에 기도를 알리는 무에진의 에잔 소리를 들었던 것도 같았다. 에잔 소리는 메아리가 울리듯이 계속 이어졌는데, 마치 '에잔의 도시', '모스크의 도시'에 온 걸 환영해주는 것 같았다. 날이 밝아지자 어두운 실루엣만 보이던 모스크의 돔과 미나레트가 아침 햇살에 빛났다.

　골목을 빠져 나가자 커다란 광장을 만났다. 바로 메블라나 광장이다. 널따란 광장 한가운데에 창문 너머로 보았던 거대한 모스크가 우뚝 서 있었다. 보통 안뜰이 있는 모스크와 달리 광장이라는 개방된 공간에 있다는 것이 신기했다. 모스크에 다가가자 입구에 '술탄 셀림 자미 1570'이라는 명판이 보였다. 모스크는 부속건물까지 갖춘 복합단지 퀼리예였다고 한다. 오랜 세월이 흐르는 동안 부속건물들이 하나둘씩 철거되면서 이렇게 광장 한가운데에 예배당만 덩그러니 남았다.

　예배당 안은 거대하고 다채로웠다. 돔이 높은 천장에서 중심을 잡고 있고 미흐랍 방향에 세미 돔이 하나 더 있어 내부가 넓었다. 돔과 벽면에 새겨진 아라베스크의 무늬와 색채가 달라지니 예배당 안의 분위기도 확연히 달라졌다. 흰 바탕에 황색과 청색으로 수놓은 문양들이 고귀한 아름다움을 빚어내고 있었다.

　화창한 날씨가 아닌데도 예배당 안에는 빛으로 가득했다. 모스크의 내부로 들어올 때면 수많은 창에서 들어오는 빛과 세미돔에 수놓은 문양으로 잠시 혼미할 때가 있다. 바깥세상과는 완전히 단절된 세계에 와 있다는 기분이 오늘은 더 많이 느껴졌다.

큰 광장을 지나 돌담이 이어진 길을 걸어 '메블라나 박물관'에 도착했다. 이곳은 메블라나 루미의 영묘와 함께 메블레비 교단의 테케가 있는 곳이다. 입구의 장미정원은 루미의 아버지가 세상을 떠난 후 묘지로 삼았고 루미도 그 곁에 함께 묻혔다. 장미가 흐드러질 때면 정원은 어떤 모습일까.

메블라나 루미를 기리는 박물관은 메블레비 교단을 알리는 중심지로 성지를 방문하기 위해 전 세계 많은 사람들의 발길이 끊이지 않고 있다. 또 루미의 시에서 영감과 위안을 받은 사람들도 찾아온다. 오늘도 손이 시리고 입김이 새하얗게 나오는 추운 겨울이지만, 입구에는 사람들이 많이 보였다. 새해를 맞아 튀르키에 각지에서 순례를 온 사람들이었다.

메블라나 루미의 영묘 앞에 서자 놀라움과 신비로움이 동시에 다가왔다. 루미의 관에는 쿠란의 구절을 금실로 수놓은 천이 덮여 있고, 두 개의 초록색 터번이 올려져 있었다. 뒤로는 여러 색으로 장식된 타일이 영롱한 빛을 자아냈다. 루미의 성품을 생각해 볼 때 다소 소박한 묘일 거라고 생각했는데 화려한 느낌이 들었다. 후대가 만들었기 때문일 것이다. 아마도 루미도 자신의 묘를 본다면 너무 웅장하다고 여겼을 것 같았다. 그의 비문을 보면 알 수 있다.

"우리가 죽은 후, 무덤 속에서 찾지 말고 마음 속에서 우리를 찾아라."

옆 전시실은 세마의식이 행해졌던 '세마하네'였다. 천장의 높은 돔 때문에 모스크처럼 보였다. 유리로 보호하고 있는 전시물들은 필사한 옛 책들이었다. 쿠란과 시집은 화려하게 장식되어 책의 모양과 크기, 글씨체와 채색이 모두 달랐다.

그중 가장 놀라운 것은 메블라나 루미의 1278년 판 《마스나비》로, 가장 오래된 사본이었다. 신비주의 대표적인 문학인 《마스나비》는 신에게 도달하고자 하는 영적 수행을 담은 시이다.

영묘 건물을 나오니 넓은 마당 주위로 데르비시들이 기거하며 수련했던 테케 건물이 보였다. 메블레비 교단에서 시행하는 1001일간 영적 훈련을 완수하여 '데데'라는 칭호를 받는 사람만 머물 수 있다고 한다.

수도승들이 어떻게 생활했는지 알고 싶어 고깔모양의 굴뚝과 돔이 있는 17개의 방에 일일이 들어가 보았다. 그들이 입었던 옷과 책, 악기들을 보면서 영적인 수련을 하는 수도처는 어느 종교든 비슷하다는 생각을 했다. 검소하고 절제되어 있으며 신께 기도하는 고요한 공간들이었다.

콘야의 추위에 온몸이 떨려왔다. 메블라나 광장을 가로질러 시장 안으로 들어갔다. 상가들이 모여 있는 골목에서 아주 오래되어 보이는 홍차 가게를 찾았다. 영화를 찍는 세트장이 아닐까 싶을 정도로 찻집과 거리의 풍경이 예스러웠다.

조심스럽게 가게 문을 열고 들어가 보니 빈자리가 없을 정도로 손님들이 가득했다. 난처해하는 여행자에게 한 노인이 들어오라고 손짓을 했다. 그러자 손님들이 조금씩 움직이며 자리를 마련해 주었다. 차를 끓이는 스토브 바로 앞자리였다. 추위에 떠는 여행자를 배려해 준 노인에게 고마움의 인사를 건네니 미소를 지으며 고개를 끄덕여 주었다.

커다란 화로에선 석탄이 타고 있었다. 위에는 커다란 물탱크가 연결되어 있고 홍차 찻잎이 들어있는지 연결된 꼭지를 돌려 붉은 홍차를 잔에 담았다. 이렇게 오래된 홍차 도구는 처음 보았다. 따뜻한 스토브 앞에서 홍차까지 마시자 온몸이 따뜻해졌다.

홍차 잔은 왜 이렇게 작은지, 사랑방 같은 찻집에서 일어나는 게 아쉬웠다. 어느새 찻집에 있던 손님들이 하나 둘 나가고 바깥에서는 에잔 소리가 시작되고 있었다. 콘야는 기도의 시간으로 들어갔다.

콘야는 루미의 도시이다. 메블라나 박물관을 보고 나서 우리는 루미에 대해 아는 바가 별로 없다는 걸 알았다. 다시 박물관 옆에 있는 관광안내소를 찾아갔다. 학자같은 분위기의 직원은 우리의 고민에 대해 친절하게 안내해 주었다. 그가 알려준 곳은 파노라마 콘야 박물관이었다. 13세기 셀주크 시대의 콘야와 함께 메블라나 루미에 대해 자세히 알 수 있는 곳이었다

 파노라마 콘야 박물관으로 들어가자 그동안 손님이 뜸했는지 매표소의 직원이 매우 반갑게 맞아주었다. 입구 바로 앞에는 전면 유리창으로 중정이 보였다. 튀르키예 전역에 있는 메블레비 교단의 수도원인 '메블레비하네'가 전시되어 있었다. 튀르키예만 아니라 전 세계에 170여 개나 설립되어 있다고 한다. 지하로 내려가니 넓은 홀에 메블라나 루미를 그린 유화 그림들이 전시되어 있고, 그 중앙에 파노라마관으로 들어가는 입구가 보였다.

이스탄불에서도 보았던 파노라마관처럼 원형으로 된 전시실로 들어갔다. 그때는 1453년에 있었던 전쟁터였는데, 여기에는 13세기의 도시 콘야의 풍경이었다. 360도 전체에 묘사된 마을에는 회화, 디지털 사진, 실물크기의 인형 등이 실감나게 표현되어 있었다.

차양을 드리운 시장에는 공방들이 있고 메블라나 데르비시가 세마 춤을 추는 모습도 보였다. 한편에서는 모스크가 증축되고, 즉위한 술탄은 거리를 행진하고 있었다. 거리에는 몽골족을 비롯해 다양한 민족들이 보였다. 우리는 단순한 풍경화가 아니라 고증을 통해 재현된 13세기의 한 마을을 여행하고 있었다.

　메블라나 루미의 그림이 전시된 홀로 갔다. 어린 시절부터 죽음에 이르기까지 삶의 결정적인 순간들이 아홉 개의 회화로 전시되어 있었다. 한 인물의 일대기를 이렇게까지 정성스럽게 전시할 수 있을까 생각했다. 우리는 천천히 루미의 일생 속으로 들어갔다.

　메블라나 젤랄레딘 루미는 이슬람 신비주의 학자였던 아버지를 따라 콘야에 왔다. 셀주크조의 술탄 케이쿠바트 1세가 아버지를 초청했기 때문이다. 후에 아버지의 뒤를 이어 루미도 신학교의 책임자가 되었다.

'메블라나의 마지막 날'이라는 그림 앞에 섰다. 루미는 "내가 죽은 후에 슬퍼하지 말라"라는 유언을 남겼다. 그토록 원했던 신을 만나러 가기 때문이다. 루미는 '내가 죽는 날은 나의 결혼식 날'이라며 그날을 설레며 기다린다고 말해왔다.

1273년 12월 17일 메블라나 루미는 67세 나이로 세상을 떠나, 장미정원에 있는 아버지의 무덤 옆에 묻혔다. 루미가 세상을 떠난 날은 '결혼식의 날'이라는 뜻의 '세비아 루즈'로 불리며 성대하게 치러지고 있다.

　아홉 개의 결정적 장면에는 루미 인생에서 운명적인 인물을 만난 그림도 있었다. 바로 신비주의 수도승 샴스 타브리지였다. 루미는 그와 고도의 영적인 담론을 나누며 큰 영향을 받았다. 그러나 그들의 교류는 4년 후 샴스가 사라지면서 갑자기 끊어지고 말았다. 샴스를 찾아 헤매며 다마스쿠스까지 갔던 루미는 그 슬픔을 시로 승화시켰다.

　서정시 《디반 카비르》는 4만 행에 이른다. 종교적이고 영적인 시집 《마스나비》는 2만 6천 구절이다. 루미의 그리움이 얼마나 큰지, 루미의 수행이 얼마나 깊은지 헤아리기 어려울 정도였다.

　파노라마 콘야 박물관을 나왔다. 그러자 루미가 살았던 13세기에서도 빠져 나왔다. 거리에는 루미의 슬픔처럼 비가 내리고 있었다. 매서운 추위와 차가운 비가 몸속을 파고 들었다. 우산도 없이 걷고 있는 거리의 사람들도 잔뜩 얼어 있기는 마찬가지였다. 그러고보니 오늘따라 에잔 소리도 없이 거리가 무척 조용한 것 같았다.

알라엣딘 언덕으로 올라갔다. 언덕은 20미터로 그다지 높지 않은 편이지만, 콘야가 넓은 평원 위에 세워진 도시이기 때문에 여기에만 올라와도 시내를 관망할 수 있었다. 공원 앞 분수대에서 메블라나 대로를 따라 펼쳐진 도시 전경을 내려다보았다. 곧게 뻗은 도로는 그 끝에 있는 메블라나 광장과 술탄 셀림 자미까지 이어져 있었다.

파노라마 박물관에서 보았던 13세기 콘야의 모습을 기억하며 역사적 상상력을 더해 보았다. 당시 이 언덕에는 셀주크조의 궁전과 모스크가 위용을 드러내고 있었을 것이다. 시장과 공방, 모스크와 신학교 마드라사가 들어서 있고, 아나톨리아 전역에서 몰려온 학자, 예술가, 사제들이 서로 교류했을 것이다. 이제 언덕을 내려가 모스크 순례와 함께 도시에 남아있는 셀주크조의 '영광'의 흔적을 찾아보기로 했다.

메블라나 대로에 있는 '이플리크치 자미'는 13세기 셀주크조에 세워진 첫 번째 모스크 중 하나이다. 원래는 복합건물이어서 단지 안에는 모스크와 신학교인 마드라사가 있었다.

이 마드라사는 메블라나 루미의 아버지와 관련이 깊은 곳이다. 술탄은 유명한 학자인 루미의 아버지 바하우딘을 콘야에 초대해 궁전에 거주하도록 했지만 바하우딘은 왕궁 앞 마드라사에 머물겠다고 정중히 거절했다. 나중에는 루미도 이곳에서 강의를 이어갔다. 그동안 루미가 머물며 강의했던 곳이 어디일까 궁금했는데, 오늘 이플리크치 자미에 와서 의문이 풀렸다.

마치 성벽을 두른 듯한 성전 안으로 들어가니 내부가 상당히 어두웠다. 천장이 낮은 데다가 아치로 연결된 두꺼운 기둥들이 드문드문 서 있었다. 오직 미흐랍 위의 작은 창에서 들어오는 빛만이 예배당을 비추고 있었다. 그동안 빛으로 둘러싸인 모스크만 봐서 그런지 어두운 모스크가 매우 낯설었다. 마치 동굴에 있는 것처럼 싸늘한 기운도 감돌았다. 하지만 잠시 생각해보니 과거의 모스크는 이런 분위기가 아니었을까.

　성소를 밝히는 것은 외부의 빛이 아니라 신을 향한 마음일 것이다.

 콘야에 있는 유일한 교회 '성 바울로 교회'를 찾아가는 중이다. 아나톨리아의 선교 여행 때 바울로가 콘야를 방문했기 때문에 붙은 이름이다. 튀르키예 독립전쟁 때 그리스와의 인구교환으로 기독교 공동체가 쇠락했지만, 이 교회는 유일하게 남아있다. 하지만 어렵게 찾아갔는데 문이 잠겨 있었다. 수녀님이 자리를 비워 한동안 열지 않는다고 쓰여 있었다.

 에잔 소리가 끊이지 않는 콘야에서 교회는 어떤 모습일지 궁금했는데 무척 아쉬웠다. 돌아나오는 길에 메블라나 루미가 말한 관용의 정신이 떠올랐다.

"오라, 오라, 네가 누구든지 간에 오라.
이교도이건, 불을 숭배하는 자이건,
우상을 숭배한 자이건, 오라.
우리의 집은 절망의 집이 아니다.
백번 너의 맹세를 어겼어도, 오라."

이번에는 좀 멀리있는 모스크를 찾아 콘야 버스터미널로 나갔다. 처음 도착한 날 본 거대한 모스크가 잊히지 않아서였다. 콘야에 온 날 세르비스가 없어 돌무쉬를 타고 숙소로 갔다. 버스정류소에서 우리가 탈 돌무쉬를 찾아 준 사람들, 큰 배낭을 맨 우리를 위해 자리를 내어준 사람들이 생각났다. 눈속을 헤집고 토로스 산맥을 넘어온 탓에 긴장도 풀리지 않은 여행자에게 콘야는 따뜻하게 맞아주었다. 터미널에 오자 그날의 기억이 떠올랐다.

이 거대한 모스크의 이름은 '오토가르 제키 알튼다으 자미'였다. 모스크의 이름에도 터미널이 들어있다. 콘야에서 가장 큰 모스크로 8,000명이 동시에 예배를 드릴 수 있다고 하는데, 실제로 보니 그 위용이 대단했다. 최근에 지어졌지만 오스만 고전양식을 따른 모스크였다.

　모스크 내부에 들어오니 돔과 세미돔, 창문들이 아치를 이루며 겹겹이 층을 이루고 있었다. 지상과 천상을 아우르는 무한히 넓고 높은 공간이었다. 수많은 창문들 중 한 곳에 밝은 빛을 받으며 기도 드리는 사람을 발견했다. 거대한 모스크 내부에 앉아 있으니 그의 모습이 더욱 왜소해 보였다. 어두운 실루엣에도 간절함이 묻어났다.

　인간은 얼마나 미약하고 연약한 존재인가.

　메블라나 광장 앞에는 '베데스텐 바자르'가 있다. 골목마다 가게들이 빼곡이 줄지어 들어서 있다. 쉴레이만 대제 때 고전양식으로 지붕 덮인 시장을 만들었는데, 지금도 40개의 거리에 2,600여 개의 상점이 문을 열고 있다고 한다. 거대한 시장이자 콘야의 메인 시장이다. 콘야에서 복원에 힘쓴 덕분에 옛 모습을 그대로 간직한 바자르에는 의류, 포목, 보석 등 상품도 과거로 돌아간 것 같았다.

　오늘도 홍찻집에 들렀다. 날씨도 춥고 정감어린 찻집도 좋아서 자주 들르게 되었다. 홍차를 끓여 나르던 청년은 이제 우리를 알아보고 반가운 인사를 건넸다. 홍차로 몸을 녹인 후 시장 골목으로 들어서는데 사람들이 모여 있는 빵집이 보였다. 화덕에서 빵이 구워져 나오고 있었다. 콘야의 대표적인 '에틀리에크맥'이라는 피자 빵이었다. 코끝이 시린 추운 날씨에 뜨거운 김이 나는 빵을 그 자리에서 베어 먹었다. 밀의 본고장인 콘야의 빵이라서 그런지 고소하고 맛있었다.

　베데스텐 바자르 안으로 다시 들어갔다. 시장 안에 있는 카푸 자미를 보기 위해서였다. 그동안 여러 번 들렀는데 본당 안에서 카펫을 교체하는 바람에 들어가지 못했다. 오늘은 또 예배시간에 걸렸다.

　카푸 자미는 튀르키예어로 '문'이라는 뜻으로 옛 콘야 성의 입구 옆에 붙어 있어 지어진 이름이다. 셀주크조 시대 이후 콘야의 성문 주변은 예술과 무역의 중심지였다. 외부에서 온 사람들과 주민들이 모여 북적이는 곳은 당연히 시장이었다. 그 시장 한가운데에 있는 모스크가 바로 '카푸 자미'였다.

눈이 간간이 흩날리고 있었다. 잠시 상점 앞에서 눈을 피해 기다리기로 했다. 13세기로 돌아간 듯한 거리의 모습을 보며 우리는 카푸 자미의 역사를 짚어 보았다.

1867년에 대화재가 발생했다. 토요일에 일어난 화재의 시작은 카푸 자미 옆의 이발소 주변이었다. 약 4시간 동안 이어진 화재는 모스크뿐 아니라 주변의 상점들까지 쑥대밭으로 만들었다. 그뒤 여러 번 복원을 거쳤고 지금은 석재로 지어져 있다. 마침 기도를 끝낸 어르신들이 예배당 문에서 우르르 나왔다.

　예배당 안으로 들어가 새로 깔린 청록색 카펫 위를 밟아 보았다. 카펫이 바뀌기 전과 내부가 완전히 달라졌다. 카펫으로 이렇게 모스크의 분위기가 달라질 수 있다는 걸 이제야 알았다. 예배당 뒤편에서 아직 끝나지 않은 카펫 작업이 다시 시작되고 있었다. 그 와중에도 앞쪽에서는 키블라 벽을 향해 기도를 드리고 있는 분들이 있었다. 그들을 방해하지 않으려고 조용히 모스크의 모습을 사진에 담고 나왔다. 마을분들의 기도가 있는 한 카푸 자미의 역사도 계속될 것이다.

저녁을 일찍 먹고 길을 나섰다. 드디어 손꼽아 기다렸던 세마 공연을 보는 날이다. 겨울이라 거리는 벌써 어두워졌고 날씨는 얼어붙는 듯 추웠다. 메블라나 문화센터로 가는 도중에 달을 보려고 뒤를 돌아보았는데, 그곳에 메블라나 박물관의 쿱베이 하드라가 빛나고 있었다. 밤에 조명을 받아 청록색의 돔은 더욱 신비롭게 보였다. 저 초록색 돔 아래 루미가 잠들어 있을 것이다. 그렇게 생각하니 오늘의 세마 춤이 더 기대되었다.

　이윽고 공연이 시작되었다. 불이 꺼지자 세마 의식을 주도하는 지도자인 셰이흐가 등장했다. 곧이어 춤을 추는 세마젠 스물 한 명도 입장해 모두 검은 옷을 입고 일렬로 정좌했다. 연주가 시작되고 한 사람이 쿠란을 암송했다. 그러자 세마젠들이 자리에서 일어났다. 갈색 모자를 쓰고 검은 망토를 두른 세마젠 중 한 명이 먼저 인사하고 나머지도 따라서 셰이흐에게 인사를 했다. 처음엔 여덟 명만 천천히 원을 그리며 돌았다. 그리고 자리에 돌아가더니 세마젠들과 함께 드디어 검은 망토 후르카를 벗었다.

조명 아래 하얀 텐누레를 입은 세마젠들이 양 팔을 가슴에 모으고 축복을 받자, 드디어 팔을 서서히 풀며 빙글빙글 돌기 시작했다. 이때 세마젠은 두 팔을 벌려 오른손은 하늘로 올리고, 왼손은 땅을 향했다. 그리고 고개는 약간 오른쪽으로 기울인 채 돌았다. 전체적으로 반시계 방향으로 돌며 큰 원을 그리다가 무리짓고 또 큰 원을 그려 나갔다. 이는 자전과 공전, 하늘의 별자리들을 상징한다고 한다. 세마젠들은 음악소리에 맞춰 빙글빙글 도는 흐트러짐 없는 동작을 이어갔다.

공연을 보는 우리도 그들의 동작과 음악이 주는 무한의 감각에 잠시 정신이 어질했다. 그순간 세마젠의 얼굴에 평온한 무아의 경지가 나타나기 시작했다. 아마도 신과의 일체감을 이루는 영적 황홀경을 경험하고 있으리라. 회전 춤을 추는 세마젠들은 신과의 교감을 위해 분투하고 있었다. 스무 명이 도는 세마 행위가 절정에 이르자, 셰이흐와 고참자도 자신의 검은 옷을 벗을 듯 잡고 서서히 돌기 시작했다. 하지만 끝내 후르카를 벗지는 않았다. 그러다 어느 순간 음악이 멈췄다.

 하얀 옷을 입은 세마젠들에 빠져 있다가 음악이 그치자 우리도 무아의 경지에서 깨어났다. 세마젠들이 서서히 자리에 가서 차례로 앉았다. 그 정적인 동작에 조금씩 현실로 돌아왔다. 텅빈 무대 위로 낭송이 울려 퍼졌다. 루미의 시와 쿠란이었다. 셰이흐가 연주단 앞에 나아가 인사를 하고 퇴장했다. 스물한 명의 세마젠과 연주자도 모두 무대를 빠져 나갔다. 공연이 끝난 것이다.

조명이 밝아졌지만 우리는 한동안 빈 무대를 물끄러미 바라보고 있었다. 그만큼 마음을 추스릴 시간이 필요했다. 지금 본 세마 춤은 종교적 의식이라기 보다는 공연이었을 것이다. 하지만 회전 춤을 추며 신에게 다가가기를 간절히 소망하는 세마젠들의 표정과 동작이 머릿속에서 떠나지를 않았다.

숙소로 돌아오는 길에도 메블라나 박물관의 쿱베이 하드라는 여전히 밝게 빛나고 있었다. 좀전 공연에서 세이흐의 마지막 인사말 "앗 샬라말리쿰 인샬라"가 떠올랐다. 우리는 눈앞에서 빛나고 있는 초록색 돔에 경의를 표했다. 그리고 젤랄레딘 루미와 도시 콘야에도 작별의 인사를 전했다.

"앗 샬라말리쿰, 인샬라"
당신에게 평화가 깃들기를, 신의 뜻대로

ANATOLIA -5

앙카라 ANKARA

앙카라로 가는 날 새벽 거리에는 밤새 눈이 와 있었다. 차가운 새벽공기는 길가에 늘어선 모스크들을 더욱 신성하게 감싸고 있었다. 잠시 서서 어두운 하늘로 솟아있는 미나레트를 올려 보며 이 도시를 지켜주는 모스크에 경의를 표했다.

버스는 콘야를 떠나 본격적으로 넓은 평야를 달리기 시작했다. 콘야로 들어올 때는 토로스 산맥을 넘어와서 평야를 제대로 볼 수 없었는데 이제야 드넓은 평야를 제대로 볼 수 있게 되었다. 다만 겨울이라 눈 덮인 광야만 볼 수 있지만, 밀이 자라 수확기가 될 때면 얼마나 장관을 이룰까.

　버스가 평야를 달리는 중에 아까부터 한 노인이 운전사와 대화를 나누고 있었다. 긴장한 기색이 역력했다. 그런데 버스가 속력을 낮추더니 한 길가에 멈춰 섰다. 정류장도 없는 곳에서 그 노인이 내렸다. 노인은 버스를 향해 손을 들어 인사하고는 천천히 작은 언덕으로 올라갔다. 놀랍게도 그곳에 몇 채의 집이 있었다. 넓은 콘야 평야 한 가운데 있는 작은 마을이 놀랍기만 했다.

　지금은 겨울이라 외진 곳으로 보이지만 황금들판이 출렁일 때면 밀을 돌보느라 바쁜 농부의 마을일 것이다. 그 속에서 잠시 허리를 펴고 땀을 닦는 노인을 상상해 보았다.

버스로 달린 지 몇 시간밖에 안 지났는데 대자연은 물러나고 높이 솟은 빌딩들이 보이기 시작했다. 직선으로 뻗은 도로는 빌딩들 사이로 연결되어 있고 달리는 차들은 모두 도시로 빨려 들어가고 있었다. 도시로 들어가는 풍경이 무척 기괴하게 느껴졌다.

　튀르키예의 수도인 앙카라는 첨단도시였다. 오늘 우리가 지나온 평야나 시골 풍경과는 너무나 달랐다. 지하철 역에 내려 길을 물어보았더니 하나같이 스마트폰을 꺼냈다. 어제까지 콘야의 시골 노인들과 메블라나와 홍차에 빠져있던 우리는 같은 나라 안에서도 시차에 적응할 시간이 필요해졌다.

　숙소에 배낭을 내려놓고 춥고 허기진 여행자가 되어 낯선 거리로 나왔다. 홍차 가게를 찾았는데 커피를 파는 카페들만 즐비했다. 시미트 빵을 파는 가게 대신 햄버거를 파는 프랜차이즈 가게들만 보였다. 거리에는 까르푸에서부터 대형 슈퍼마켓까지 들어와 있고 쇼핑을 하려는 사람들이 빠르게 오가고 있었다.

 높은 건물들 사이로 작은 가게 하나가 눈에 들어왔다. 한 노인이 얇은 천 같은 걸 켜켜이 펼쳐 포개고 있었다. 튀르키예의 국민 빵 중 하나인 뵈렉을 만드는 얇은 파이지였다. 그동안 여러 도시에서 다양한 뵈렉을 먹어보았지만 이렇게 재료를 파는 가게는 처음 보았다. 그것도 대도시 앙카라에서. 그때 한 아주머니가 파이지를 사러 왔다. 오늘 저녁은 감자를 넣은 뵈렉일까. 고기를 넣은 뵈렉일까, 자못 궁금해졌다.

앙카라의 올드타운 중심인 울루스를 찾아갔다. 옛 중심구역인 울루스는 새로운 중심지인 크즐라이에서 불과 두 정거장밖에 떨어져 있지 않았다. 겐츨리크 공원 주변으로 거대한 모스크가 눈에 띄었는데 먼 거리에도 모스크의 규모는 대단했다.

큰 도로를 몇 번이나 건너 겨우 도착했는데 경찰이 다가와서 지금은 관람이 어려우니 오후 두 시 이후에 오라고 했다. 기도 시간인 듯싶어 뒤로 물러나며 왜 오후 두 시라고 했을까 궁금해졌다. 그제서야 우리는 오늘이 금요일이라는 것을 알았다. 이슬람권에서는 금요일이 휴일이다. 그리고 금요 예배시간은 정오 이후에 설교와 함께 합동 예배로 치러진다.

　기다리는 동안 잠시 벤치에 앉았다. 그때 와장창하는 소리가 들려 뒤를 돌아보니 시미트를 팔던 청년이 넘어져 있었다. 큰 쟁반에 시미트를 동그랗게 쌓아올리고 거리를 돌며 파는 행상들을 그동안 많이 보았다. 그런데 청년이 그만 넘어졌는지 큰 쟁반에 있던 시미트가 이리저리 흩어져 있었다. 다들 안타까운 눈으로 보고 있는데 갑자기 청년이 큰 소리로 울기 시작했다. 주위 사람들이 빵을 주워 주고 청년을 일으켜 화단 가장자리에 앉게 했다. 우리도 아직 바닥에 떨어져 있는 빵을 주워다 주고 돌아 나오는데 몇몇 사람들은 여전히 곁에 앉아 청년을 다독여주고 있었다.

　우리를 기다리게 한 모스크는 멜리케 하툰 자미였다. 네 개의 미나레트를 가진 모스크는 황실 모스크에서나 볼 수 있는 호화로움으로 가득했다. 천장의 거대한 돔을 둘러싸고 세미 돔과 아치벽들이 무지개처럼 떠 있었다. 전체적으로 새하얀 공간에 청록색 카펫이 어우러진 공간은 매우 황홀했다. 금요 예배 시간이 지나서인지 예배당 안은 정적이고 고요한 분위기로 가득했다. 우리는 잠시 바깥세상을 잊고 성전에 앉아 마음의 평화로움을 느껴 보았다.

　밖으로 나오니 모스크의 규모만큼이나 주랑현관의 기둥과 아치도 매우 거대했다. 네 개의 미나레트를 세우는 건 흔치 않은데 각 미나레트에도 세 개의 세라페가 보여 특별했다.

　모스크는 오스만 고전스타일이었지만 알고보니 2017년에 지은 최신 모스크였다. 최근 각 도시마다 세워지는 거대하고 화려한 모스크들을 보니 묘하게도 오스만 고전양식이 많았다. 아타튀르크의 튀르키예 공화국이 그렇게 선을 긋고 단절하고자 했던 바로 그 오스만 제국 시절의 양식인 것이다. 하지만 튀르키예를 여행하면서 보니 모스크와 퀼리예는 이슬람 사회에서 호혜의 원칙으로 운영되는 지역 공동체의 역할을 하고 있었다. 앞으로도 약자를 보듬는 장소이기를 바랐다.

앙카라에서 가장 중요한 여정 중 하나는 아나톨리아 문명 박물관을 관람하는 것이다. 우리의 탐방 테마가 아나톨리아 문명기행이기 때문이다.

박물관은 1921년 아타튀르크가 '히타이트 박물관'을 건립하자는 제안에서 시작되었다. 이때 앙카라 성 남쪽에 버려져 있던 베데스텐 시장과 여관을 복원해 아나톨리아 문명 박물관을 열였다. 그래서인지 여느 박물관의 거대하고 위엄있는 분위기와는 다르게 고전적이고 편안한 인상을 주었다.

박물관에는 선사시대부터 현재까지 아나톨리아 땅에 거주했던 여러 민족의 유물들이 전시되어 있었다. 히타이트에서부터 페르시아, 고대 그리스와 로마까지, 비잔티움에 이어 오스만 제국에 이르기까지, 모두 아나톨리아를 제국의 중심으로 삼았다. 이 거대한 역사의 흐름을 연대기순으로 되짚어보기 위해서는 아나톨리아 박물관이 제격일 것이다.

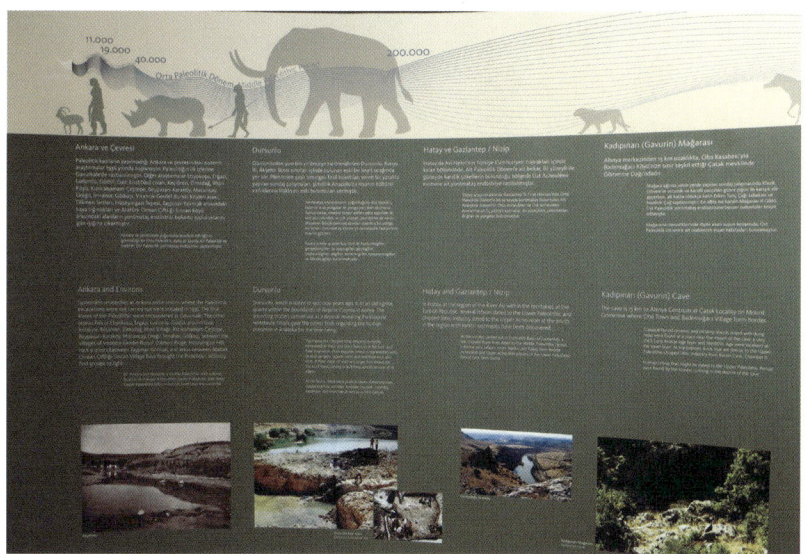

ANKARA

유독 눈이 번쩍 뜨이는 유물들이 보였다. 차탈회위크 유적에서 출토되었다는 여신상 테라코타, 히타이트의 신을 상징하는 '사슴조각상', 고르디온에서 출토된 '청동 솥' 등이었다. 얼마나 섬세하고 장식이 아름다운지 유리 너머에 있는 유물을 한참이나 들여다 보았다. 정교한 솜씨에 감탄이 저절로 나왔다.

그동안 이미지로만 보던 유물들을 실제로 보니 가늠할 수 없는 인류의 무한한 역사가 조금이나마 느껴지는 듯했다. 박물관은 그저 박제된 유물들을 관람하는 공간이 아니라 각 시대에 살아 숨쉬었던 사람들의 생활을 만나는 시간이다.

ANKARA 265

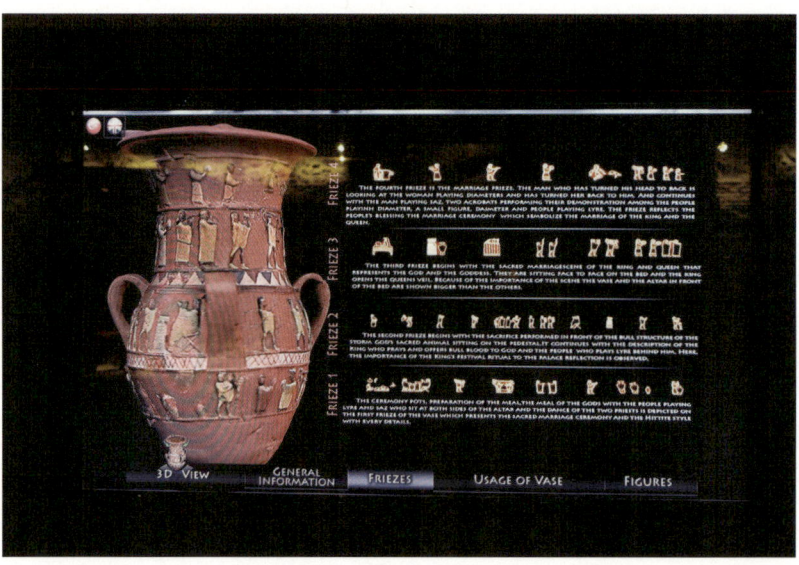

ANKARA 267

　박물관의 중앙에는 전시실 공간이 따로 있었다. 10개의 돔이 연결된 넓은 공간은 지붕 덮인 시장이었다. 전시실에는 주로 히타이트 시대의 석조 작품들이 전시되고 있었다. 석재 패널에 부조로 새긴 후기 히타이트 시대의 '이륜 전차를 탄 군인상'과 '프리기아 왕조의 스핑크스'가 매우 인상적이었다.

　아나톨리아문명 박물관은 히타이트 문명 박물관으로 출발했기 때문에 많은 유물들을 만나볼 수 있었다. 고대 히타이트 제국의 수도 하투샤 유적도 인근에서 발굴되었다. 특별실에는 미지의 히타이트 제국을 알게 해 준 점토판 문자가 많이 보였다. 석재에 새겨진 문자와 조각을 또렷이 볼 수 있었다.

박물관 바깥에도 유물들이 전시되어 있었다. 안뜰 정원에는 그리스와 로마의 유물들이 진열되어 있었는데, 여기저기 손상되고 유독 머리 부분이 제거된 조각상들이 보였다. 이슬람에서는 우상숭배가 금지되어 있어 인물 조각상을 만들지 않는다. 그것이 아라베스크 문양이 발달한 이유이기도 하다. 근처 사원과 로마 목욕탕 유적지에서 나온 유물들이라는데 야외에 그냥 방치되어 있었다.

튀르키예에서는 오래된 유적과 유물들이 잘 관리되지 않고 있다. 최근에는 그나마 관광산업으로 문화재를 복원하는 경우도 많이 있지만, 애초에 튀르키예는 고대 그리스와 로마, 비잔틴 제국의 역사와 직접적으로 관련이 없기 때문인지 복원에 소극적이다. 더구나 종교적인 차이까지 있어 더욱 그럴 것이다. 다만 인류의 문명사적 관점에서 바라보면 안타까울 수밖에 없다.

 오늘날 튀르키예가 존재하는 건 아타튀르크의 공이라 할 수 있다. 그가 튀르키예의 독립과 튀르키예 공화국의 건립을 이끌었기 때문이다. 이스탄불에서부터 각 도시를 방문할 때마다 그를 기리는 공원, 거리, 광장 등을 무수히 보아왔다. 그리고 아타튀르크의 동상 주변에는 늘 튀르키예인들이 모여 있었다. 이제 그를 만나야 할 때이다.

 앙카라의 대표적인 명소이자 튀르키예의 역사를 되짚어 볼 수 있는 '아느트 카비르'로 가기 위해 길을 나섰다. 햇살이 비치는 맑은 날이지만 칼에 베일 듯 쨍하게 추운 날씨 속에서 언덕 위에 우뚝 자리 잡은 아타튀르크의 영묘를 찾아갔다.

　아느트카비르에 이르렀다. 계단을 올라 거대한 튀르키예 깃발 아래를 지나자 주랑으로 이어진 건물들로 둘러싸인 광활한 '의식 광장'이 나왔다. 오른쪽으로 영묘의 핵심 건물인 '명예의 전당'이 제단 위에 우뚝 서 있었다.

　멀리서 봤을 때는 그리스 신전 같았다. 그런데 자세히 보니 원형기둥이 아니라 사각기둥이었고 밝은 대리석이 아니라 노란색 트래버틴 대리석이었다. 그래서일까. 마치 고대의 거석 건축물 같은 느낌을 주었다. 이는 아느트카비르가 고대 아나톨리아의 전통을 따랐기 때문이다.

명예의 전당 계단에서 근위대가 내려오고 있었다. 교대식을 마치고 내려오는 그들을 사진에 담으며 명예의 전당을 바라보았다. 중앙에는 흰색 대리석 연단에 새긴 글귀가 자리잡고 있었다.

"주권은 국민에게 있다."

튀르키예 공화국의 건국원칙이었다. 아타튀르크의 근대국가 정신을 가장 잘 드러내는 말이다. 그가 오스만 제국과 결별하고 근대화를 추진하며 튀르키예 공화국을 건립하였을 때 가장 중요하게 여겼던 부분이다

무스타파 케말은 오스만 제국의 말기에 태어났다. 그가 역사 속에 각인된 것은 1차 세계대전 중 벌어진 '차낙칼레 전투'에서의 승리일 것이다. 당시 전력상 열세인데도 불구하고 연합군에 맞서 승리를 거두었다. 하지만 나약한 오스만 제국은 결국 패배했다. 그는 앙카라에 임시정부를 세우고 튀르키예 독립전쟁에서 외세를 몰아내며 승리했다.

  차낙칼레 전투에 대한 설명과 함께 이어지는 파노라마 그림에는 마치 전장에 있는 듯 생생한 느낌을 주었다. 대포 소리, 호루라기 소리, 칼날 부딪치는 소리, 말발굽 소리와 같은 전쟁 효과음도 실감나게 재현해 놓았다. 후방에 우뚝 서서 지휘를 하고 있는 아타튀르크의 모습이 보였다.

　회랑 중간마다 설치된 18개의 아치형 볼트 공간에는 아타튀르크가 근대화를 위해 개혁한 내용이 설명되어 있었다. 문자혁명, 도량형 통일, 철도, 항만, 의료, 교육 등의 개혁은 튀르키예 국가가 세워지는 초석이 되었다.

　아타튀르크의 과업이 전시된 회랑을 하나하나 살펴보면서 도저히 한 인물의 역량이라고는 볼 수 없을 정도의 개혁들이라는 생각이 들었다. 근대화와 전통의 사이에서 많은 고민들과 지혜가 필요했을 것이다. 아마도 그것이 오늘날까지 튀르키예 국민들이 아타튀르크에게 보내는 존경의 이유일 것이다.

오늘날의 튀르키예가 있기까지 아타튀르크 혼자서 모든 걸 이룰 수는 없었을 것이다. 그를 따르는 수많은 동료와 부하들이 있었기 때문일 것이다. 그들을 대표해 아타튀르크의 오른팔이자 2대 대통령이었던 이스메트 이뇌뉘의 묘가 한쪽에 마련되어 있었다.

회랑건물에서 눈길을 돌리자 앙카라 시내가 한 눈에 내려다보였다. 튀르키예인들은 이 높은 언덕 위에 아느트카비르를 건설하면서 아타튀르크가 오래도록 튀르키예를 지켜주길 바랐을 거라는 생각이 들었다.

'붉은 초승달'이라는 뜻의 크즐라이 광장까지 걸어내려 왔다. 이제 크즐라이 광장에서 가까운 곳에 있는 모스크를 찾아가는 일만 남았다. 앙카라의 대표적인 모스크 중 하나로, 규모로나 건축학적으로나 압도적인 이 모스크의 이름은 '코자테페 자미'이다. 앙카라의 스카이라인을 이루며 도시 어느 곳에서도 미나레트를 볼 수 있다. 하지만 하늘 높이 솟아있는 저 미나레트까지 어떻게 가야할 지, 눈에는 보이지만 길을 찾을 수가 없었다.

몇 번을 헤매다 겨우 모스크를 찾아 광장에 들어섰다. 커다란 광장 아래로는 도로가 연결되어 차들이 다니고 있었다. 완공하는 데만 무려 20년이 걸렸다는 코자테페 자미는 오스만 고전 건축양식으로 이스탄불에서 보았던 블루 모스크, 술탄 아흐메트 자미의 디자인을 따랐다고 한다. 그래서인지 왠지 어디서 많이 본 듯한 느낌이 들었나보다.

예배당으로 들어가니 신비로운 공간이 기다리고 있었다. 천장의 중앙 돔은 아래 네 개의 세미 돔과 이어져 있었는데, 돔 안에 있는 무늬가 세미 돔과 이어져 마치 폭포가 쏟아지는 것 같았다. 테두리에는 무수히 많은 작은 창문들이 돔의 문양과 어우러져 오색찬란한 빛을 예배당에 가득 채우고 있었다. 아치벽에 있는 스테인드글라스도 색색의 오묘한 빛으로 화려함을 더해주고 있었다. 빛의 향연에 이어 중앙 돔 아래로 내려온 커다란 샹들리에는 화룡점점을 찍었다.

미흐랍 주위로 기도를 드리기 위해 사람들이 모여 있었다.
기도하는 모습은 늘 경이로움을 안겨 준다.
스테인드글라스가 천상의 빛인 듯 기도하는 자들을 비추었다.
그들은 신을 맞이하는 듯 빛의 세계에 안겨 있었다.
우리는 모스크의 화려한 건축물 속에서 기도드리는 자의 성전을 보았다.

　그동안 각 도시마다 모스크를 방문하면서 다채로운 아름다움과 성전의 경건함을 느꼈다. 때로는 거대한 규모에 놀라고 장식의 화려함에 매료되었다. 모스크의 건축양식도 이제 조금은 익숙해졌다. 모든 종교는 신을 경배하는 방식에 있어서는 크게 다르지 않은 것 같다. 젤랄레딘 루미가 말했던 것처럼 모든 종교에 대해 관용과 이해가 있다면 세상이 조금 더 평화롭지 않을까.

 여행하는 사이 낯설었던 이슬람 종교와 문화에 대해 좀더 열린 마음을 갖게 되었다. 한 나라 안에서 지식만으로 문화를 알게 되는 것과 여행을 통해 타문화 속으로 들어가 이해하는 것은 많이 다른 것 같다. 그것이 여행의 '쓸모'일 것이다.

 서서히 햇살이 기울고 있었다. 코자테페 자미의 미나레트에 햇살이 걸렸다. 이제 앙카라를 마지막으로 동쪽으로 이어지던 아나톨리아의 여행은 끝을 맞았다. 우리는 내일 다시 이스탄불로 떠난다. 아나톨리아 문명기행의 원점이자, 튀르키예 여행의 종점으로 돌아가는 것이다.

ANATOLIA -6

다시, 이스탄불 ISTANBUL

　오랜만에 돌아온 이스탄불은 계절이 바뀌어 있었다. 콘야나 앙카라보다는 따뜻했지만 이제 이스탄불도 겨울을 맞아 추운 기운이 감돌았다. 거리도 한산해져서 왠지 낯설고 어색했다.

　그래도 여전히 탁심 광장에는 여행을 시작하는 이들과 여행을 마치고 떠나는 여행자들이 교차하고 있었다. 공화국 기념비의 아타튀르크 동상을 사이에 두고 광장을 오가는 사람들을 바라보았다. 우리도 이스티클랄 거리의 군중 속으로 천천히 걸어 들어갔다.

이스탄불과 인사를 나누기 위해 갈라타 다리로 나갔다. 역사적으로 격정의 공간이자 이스탄불의 독특한 지형을 볼 수 있기 때문이다. 그리고 무엇보다도 이스탄불을 처음 만났을 때의 감동을 마지막으로 한번 더 느끼고 싶었다.

파티흐 지역 언덕 위에는 쉴레이마니예 자미가 내려다보고 있고, 눈앞에는 에미뇌뉘 항구가, 멀리로는 톱카프 궁전과 아야 소피아가 그림같이 보였다. 아래에는 할리치 만의 물결이 보스포루스 해로 흘러가고 있었다.

오르한 파묵은 보스포루스로 매일 산책 나갈 수만 있다면 삶은 그렇게까지 최악은 아니라고 했다. 우리도 이스탄불에 머무는 동안 매일 보스포루스 해로 나가 위안을 얻었다.

멀리 보스포루스 대교가 보였다. 절로 웃음이 나왔다. 결국 저 다리를 건너지 못했다. 하지만 하나쯤은 남겨놓는 것도 괜찮을 듯싶었다. 그래야 언젠가 다시 와봐야 할 이유가 생기니까 말이다.

튀르키예를 떠나기 전 마르마라 해에 나가 보았다.
시르케지 역에 내려 바다를 끼고 천천히 걸었다.
저 멀리 끝을 알 수 없는 큰 바다가 나왔다.
벤치에 앉아 햇살을 받으며 바다를 마음껏 눈과 마음에 담아 보았다.
마르마라 해로 태양이 서쪽으로 기울 때까지.

이제 돌아갈 시간이다.
여행이란 시작이 있으면 끝이 있는 법이다.
그래야 또다시 여행을 시작할 수 있으리라.

호쉬차칼!

　이스탄불은 아직도 새벽이지만 창공 위에 올라보니 먼 지평선에서 여명이 시작되고 있었다. 저 멀리 해가 뜨는 곳, '아나톨리아'의 평원에서 오늘의 태양이 떠오르고 있었다. 그 태양빛을 받으며 45일간의 여행이 끝났음을 실감했다. 이제 멀어지는 아나톨리아에 작별을 고했다.

다시, 아나톨리아의 시간 속으로
- 튀르키예 문명기행 포토에세이 -

발행일	2025년 4월 12일
지은이	소노스(SONOS)
펴낸곳	레겐보겐북스
펴낸이	강석윤
출판등록	제651-2022-000010호
주소	제주시 구남로 2길 27-1 (이도이동)
이메일	pebbles1@naver.com
블로그	blog.naver.com/regenbogenbooks
인스타그램	@regenbogenbooks
ISBN	979-11-978110-7-4 03920

* 잘못 만들어진 책은 구입한 곳에서 교환해 드립니다.
* 이 책의 전부 또는 일부를 재사용하려면 레겐보겐북스의 동의를 받아야 합니다.